Gymnasium

Deutschbuch

Förderheft 8

Lösungen

Name: _____

Klasse: _____

Cornelsen

Texte lesen und verstehen

Seite 3

Fragebogen: Welche Lesetricks wende ich an?

1 *Das könntest du geantwortet haben:*

zu 1.: Ich verschaffe mir einen Überblick über den Inhalt eines Textes, indem ich zuerst die **Überschrift** und, wenn vorhanden, die Zwischenüberschriften im Text lese. Anschließend lese ich die **ersten Zeilen** und schaue mir die **Bilder** oder Grafiken an. Dann habe ich eine erste Idee, worum es in diesem Text geht.

zu 2.: Wenn ich einen Text in einem Buch lese, dann ziehe ich eine **Kopie** davon, damit ich **mit dem Text arbeiten** kann. Ich **lese zügig** den ganzen Text durch und **kreise unbekannte Wörter ein**. Ich kläre, was das **Thema** des Textes ist.

zu 3.: Wenn ich etwas nicht sofort verstehe, prüfe ich zuerst, ob ich den Text auch ohne die Textstelle verstehen kann. Gelingt dies nicht, **erschließe** ich die **Bedeutung aus dem Textzusammenhang** oder ich **schlage nach**, z. B. in einem Lexikon oder Wörterbuch, oder ich recherchiere im Internet.

zu 4.: Ich lese den Text sorgfältig ein zweites Mal. Beim Lesen markiere ich **wichtige Wörter/Schlüsselwörter** farbig. Anschließend gliedere ich den Text in **Sinnabschnitte**, z. B., indem ich ein Absatzzeichen setze.

zu 5.: Ich fasse die Informationen, die der Text gibt, **absatzweise in Stichworten** oder mit **wenigen Sätzen zusammen.** Wenn ich jedem Absatz eine **Zwischenüberschrift** gebe, dann ist das eine besonders knappe Zusammenfassung. Wichtig ist, dass ich **mit meinen eigenen Worten** zusammenfasse, denn nur wenn dies gelingt, habe ich den Text gut verstanden.

Textknacker für Sachtexte

Seite 4

Die Überschrift(en) und die Bilder nutzen, Fragen stellen

1 a *Überschrift:* Gut Ruuuuuutsch! – Die Wasserrutschentester; *Bildunterschriften:* Die erste Wasserkanone der Welt steht in Oldenburg. – Im freien Fall durch die Röhre!

b Die Fotos zeigen Wasserrutschen (Cannonball und Loopingrutsche).

c *Mögliche Zusammenfassung des Themas:* Die Reportage stellt die Brüder Luca und Julian aus Essen vor, die Wasserrutschen testen und die Ergebnisse auf einer Website vorstellen.

2 *Mögliche W-Fragen zum Thema:* Welche Rutschen gibt es? Wo stehen sie? Wie kommt man dahin? Was kostet der Eintritt? Welche sind die besten? Wo gibt es Altersbeschränkungen? Was muss man Besonderes wissen?

3 a *Mögliche unbekannte Wörter:* Attraktion (Z. 3), Rafting-Feeling (Z. 22), regulären (Z. 39), Rutschenkonzept (Z. 54), realisiert (Z. 55), phänomenalere (Z. 59), spektakulärsten (Z. 62), Innovationen (Z. 62), überdimensionalen (Z. 66), Metropole (Z. 92)

b *Der Text beantwortet alle bei Aufgabe 2 genannten Fragen.*

4 Möglich sind die Antworten A, B, D und F.

5 die Zielsetzung/das Thema – welche Bücher/welche Fragen – meine Fragen selbst/durch Lesen des Textes zu beantworten

Seite 7–8

Schwierige Wörter und Sätze verstehen

1 a **Attraktion:** Anziehungskraft, Glanzstück; **exakt:** genau; **Innovationen:** Neuheiten; **überdimensional:** riesig groß *(Die gewählte Methode kann unterschiedlich sein.)*

b **Rafting-Feeling:** Gefühl wie bei einer Floßfahrt auf Wildwasser; **regulären:** vorschriftsmäßig, normal; **Rutschenkonzept:** Pläne für Rutschen; **realisiert:** hier: gebaut; **phänomenalere:** beeindruckendere; **spektakulärsten:** aufsehenerregendsten; **Metropole:** Weltstadt

2 A beeindruckendere, außergewöhnlichere, erstaunlichere, unglaublichere Attraktionen – B sehr schnell, stürmisch, schwungvoll, großartig, spannend – C aufsehenerregendsten, beeindruckendsten, herausragendsten Innovationen

3 Dort auf ihrer Website tuberides.de – sie Luca und Julian – Etwas freier Eintritt und Zutritt außerhalb der Öffnungszeiten – ihnen Luca und Julian – ihnen Luca und Julian – ihre die Türen der Bäder

4 Das Adverb „darüber" bezieht sich auf verschiedene Typen von Rutschen. Das Adverb „dafür" auf den Überblick über diese Arten von Rutschen.

5 A Die Rutschpartie, die zuerst sanft wie eine Schlittenfahrt anmutet, setzt bei leichtem Gefälle ein. – Die Rutschpartie setzt bei sanftem Gefälle ein. B Ernsthaft verletzt haben sich die beiden Jungen bei ihren Recherchen noch nie, obwohl blaue Flecken durch die hohen Geschwindigkeiten oder das Ausrutschen auf nassen Schwimmbadböden natürlich nicht ausbleiben. – Die beiden Jungen haben sich bei ihren Recherchen noch nie ernsthaft verletzt. C Weil die Brüder Schulnoten vergeben, ist ihr Bewertungssystem leicht zu verstehen. – Ihr Bewertungssystem ist leicht zu verstehen.

6 ~~durch Raten~~/aus dem Textzusammenhang heraus – ~~weglassen~~/nachschlagen – das Bezugswort/~~die passende Konjunktion~~ – den Hauptsatz/~~den Nebensatz~~ – ~~nebensächlichen~~/wichtigen

Seite 9

Schlüsselwörter und Sinnabschnitte markieren

1 1. Was erlebt die Autorin im „Master Blaster"? (Zeile 1–24) – 2. Wer sind Julian und Luca? Was machen sie? (Zeile 25–31. 45–49) – 3. Welche Informationen findet man auf ihrer Website? (Zeile 32–44, 85–104)
Mögliche weitere Fragen: 4. Welche Art von Rutschen gibt es? (Zeile 58–84) – 5. Welche Rutschen empfehlen Luca und Julian besonders? (Zeile 86–104)

2 *Mögliche Schlüsselwörter zu Frage 2:* 700 Rutschen in über 250 Bädern (Zeile 25), Brüder Luca und Julian aus Essen (Zeile 26), in Deutschland und dem benachbarten Ausland (Zeile 27), Website tuberides.de (Zeile 33), Testberichte und Videos (Zeile 33 f.), Bewertungssystem (Zeile 36) – *Mögliche Schlüsselwörter zu Frage 3:* Typen von Rutschen (Zeile 50 f.), Lexikon (Zeile 53), Innovationen (Zeile 62) – *Mögliche Schlüsselwörter zu Frage 4:* „Cannonball" (Zeile 64), überdimensionaler Pfeife (Zeile 66), Turborutschen (Z. 71 f.), Loopingrutschen (Zeile 93 f.) – *Mögliche Schlüsselwörter zu Frage 5:* zwei Bäder in Nordrhein-Westfalen (Zeile 85), AquaMagis in Plettenberg (Zeile 87), Aquana in Würselen (Zeile 87 f.)

3 Erlebnis: Wildwasserfahrt mit Looping – Die Website der Wasserrutschentester – Vorgestellt: Arten von Wasserrutschen – Wasserrutschen mit der Note „sehr gut"

4 wichtigen/~~unwichtigen~~ – ~~entwirren~~/übersichtlich gliedern – knapp/~~ausführlich~~

Seite 10

Informationen übersichtlich festhalten

1 *persönliche Wahrnehmungen der Autorin, wörtliche Zitate:*
(Zeile 1–24) Heute bin ich mit Luca und Julian unterwegs, wir besuchen das Spaßbad *Aquana* in Würselen bei Aachen. Es ist wegen der einzigartigen Attraktion „Master Blaster" überregional bekannt, weil die Besucher auch aus dem benachbarten Belgien und den Niederlanden kommen. Die Rutsche ist 110 Meter lang, wir rutschen auf einem Reifen. Die Ampel zeigt Grün: Los geht es! Die Rutschpartie, die zuerst sanft wie eine Schlittenfahrt anmutet, setzt bei leichtem Gefälle ein. Doch dann geht es bergauf! Und sofort wieder hinab! Immer schneller. Starke Wasserdüsen machen es möglich, dreimal. Mein Magen rebelliert, blanke Panik steigt auf. Doch es gibt kein Zurück, jetzt geht es nach draußen. Ich werde in der Röhre hin und her geschleudert. Um mich herum glückliches Kreischen! Ich fühle mich wie eine Gummiente. Plötzlich werde ich in meinem Ring weit hinaus in den Wildwasserkanal geschleudert. Ein tolles Gefühl, das mich alle Angst vergessen lässt. Auch Luca und Julian entdecke ich hier bald wieder. Wahnsinn: Wasserdruck und Fließgeschwindigkeit sorgen für echtes Rafting-Feeling. Julian und Luca kommen seit Jahren immer wieder hierher. „So stelle ich mir eine Floßfahrt im Grand Canyon vor!", grinst Luca. [...]
(Zeile 41–44) „Das können wir so gar nicht sagen", betont Luca, „es gibt ja ständig was Neues! Wir beschränken uns lieber darauf, euch die Top Ten der extremsten Rutschen vorzustellen." [...]
(Zeile 105–115) „Im Aqualooping kommt richtiges Achterbahnfeeling auf", berichtet Rutschentester Julian. In anderen Loopingrutschen erfolgt der Start durch eine Falltür. Da sieht man meist vorher nicht, wie tief es im nahezu freien Fall dann wirklich hinabgeht. Hier ist das anders. „Selbst für mich als erfahrenen Rutschtentester ist es richtig furchteinflößend zu sehen, dass ich erst einmal fast zwölf Meter fallen muss", sagt er, „das ist doch, als würde man von einem vierstöckigen Wohnhaus springen! Vollkommen irre! Und ganz sicher nichts für Angsthasen!"
Angst vor langweiligen oder verregneten Sonntagen kennen Luca und Julian schon lange nicht mehr: Sie rutschen im Zweifel. Schnell und immer schneller ...

2

Name	AquaMagis: Loopingrutsche	Aquana: Master Blaster
Länge	80 Meter	110 Meter
Höhe	12 Meter	–
Art der Rutsche	Loopingrutsche	Reifenrutsche
Besonderheiten	– freier Fall in den Looping – Looping – erst ab 14	– man rutscht auch bergauf (3 Mal) – man rutscht sehr lange – am Ende wird man in einen Wildwasserkanal geschleudert

3 ~~möglichst umfassend~~/knapp und übersichtlich

Seite 11

Einen Sachtext zusammenfassen

1 a Titel, Quelle

b Die Reportage „Gut Ruuuuuutsch! – Die Wasserrutschentester" von Anja Kalvelage, die in Heft 2 der Schülerzeitung „Neues am Buschweg" des Helmholtz-Gymnasiums erschienen ist, stellt die Luca und Julian aus Essen vor, die Wasserrutschen testen und das Ergebnis auf ihrer Website „tuberides.de" vorstellen.

2 a + b Textstellen, die ~~nicht sachlich~~ sind; wörtliche Zitate; falsches Tempus:
~~Luca und Julian sind zwei echt coole Typen.~~ Sie sind Brüder und ihr Hobby ist es, in ganz Deutschland und einigen Nachbarländern Spaßbäder mit Wasserrutschen auszuprobieren. Die Autorin rutschte die „Master Blaster" im Aquana in Würselen mit ihnen hinunter und ~~hatte ziemlich viel Angst dabei,~~ weil das eine ~~wirklich coole~~ Rutsche mit ~~Highspeed~~ war. Julian sagte danach: „So stelle ich mir eine Fahrt im Grand Canyon vor!" Auf ihrer Website stellen die Brüder noch ganz viele andere Rutschen vor. In einem Lexikon erklären sie, welche unterschiedlichen Arten von Wasserrutschen es gibt, zum Beispiel die „Cannonball". ~~Die ist superklasse! Stellt euch das mal vor.~~ Diese Rutsche jagt euch mit Wasserdruck acht Meter weit übers Wasserbecken. ~~Ganz hier in der Nähe,~~ im Sauerland, gibt es ein Spaßbad namens AquaMagis. Da steht ~~auch ein echter Hammer:~~ eine Loopingrutsche.

c *Mögliche Verbesserung:*
Luca und Julian sind Brüder und ihr Hobby ist es, in ganz Deutschland und einigen Nachbarländern Spaßbäder mit Wasserrutschen auszuprobieren. Die Autorin ist die „Master Blaster" im Aquana in Würselen mit ihnen hinuntergerutscht, was eine Rutsche mit sehr hoher Geschwindigkeit ist. Julian sagt anschließend, diese Rutsche erinnere ihn an eine Fahrt im Grand Canyon. Auf ihrer Website stellen die Brüder noch ganz viele andere Rutschen vor. In einem Lexikon erklären sie, welche unterschiedlichen Arten von Wasserrutschen es gibt, zum Beispiel die „Cannonball", die die Badegäste mit Wasserdruck acht Meter weit übers Wasserbecken schießt. Im Sauerland gibt es ein Spaßbad namens AquaMagis. Da steht eine Loopingrutsche.
Tipp: Nach dem Vortrag der Textzusammenfassung könnte Tom sein Handout mit der Tabelle von Aufgabe 2, Seite 10, aushändigen, um die Wahl einer der beiden Rutschen als Ziel für den Klassenausflug noch besser vorzubereiten.

Einen erzählenden Text untersuchen

Seite 12–13

1 *Mögliche Vermutung* (Überschrift + Bild):
In der Kurzgeschichte geht es um eine junge Frau und einen jungen Mann, die mit einem Motorrad unterwegs sind. Die junge Frau könnte Caroline heißen und über Wiesen laufen.

3 Zutreffend sind die Aussagen B, D und E. Nicht zutreffend sind die Aussagen A, C und F.

4 Richtig ist Aussage B.

Seite 14

Die Handlung erschließen

1 **Wo und wann?** Die Handlung findet tagsüber auf einer Landstraße in ländlicher Umgebung statt. Es werden dazu keine genaueren Angaben gemacht. – **Wer?** Beteiligt sind ein Mädchen namens Caroline und ein Junge namens Joschi, beide sind vermutlich zwischen 16 und 20 Jahre alt.

2 a + b Zeile 1–16: Caroline träumt, fährt mit Joschi auf dem Motorrad
Zeile 17–52: Motorrad bleibt liegen, sie streiten, wer Hilfe holt
Zeile 53–60: Joschi fährt per Anhalter ins nächste Dorf, Caroline bleibt allein zurück
Zeile 61–73: Caroline hat Angst, läuft über die Wiesen weg

c Der dritte Handlungsschritt ist der Höhepunkt bzw. Wendepunkt der Geschichte.

3 Markiert solltest du die folgenden Zeilen haben *(Zusammenfassung)*:
Zeile 1–7: *(Caroline nimmt wahr: Sie beschreibt Joschi. Caroline träumt von einem Ausflug mit ihm. Beide laufen Hand in Hand über Wiesen.)*
Zeile 26–36: *(Caroline nimmt wahr: Sie fühlt sich unter Druck gesetzt: Ihre Eltern haben ihr verboten, per Autostopp zu fahren.)*
Zeile 40–46, 50–53: *(Caroline nimmt wahr: Sie bemerkt Joschis Aufregung nicht und schätzt ihn vollkommen falsch ein. Caroline träumt: Sie hofft auf Joschis Freundschaft.)*
Zeile 51–73: *(Caroline nimmt wahr: Sie ist verärgert und fühlt sich allein gelassen und läuft über die Wiesen davon. Ihre Träume sind zerstört.)*

Seite 15

Die Figuren untersuchen

1 Hauptfigur ist B Caroline.

2 a Caroline (blau), <u>Joschi (grün)</u>:

Für ein Mädchen, das noch nie einen Freund gehabt hatte, war Joschi so etwas wie ein Wunder. Joschi sah gut aus, Joschi war lustig, Joschi war freundlich, Joschi spielte Gitarre, Joschi unterhielt alle, Joschi hatte ein Motorrad – und vor allem: Joschi mochte Caroline.

Caroline sah das Bild: Caroline, über Wiesen laufend, dahinter Joschi, der nach ihrer Hand griff. Nein, dieses Bild hatte es noch nicht gegeben mit Joschi und ihr, aber sie würde es noch erleben. Vielleicht heute noch, auf diesem Ausflug. Zehn Kilometer Landstraße, das schaffte das Motorrad in etwa fünfzehn Minuten, dann waren sie am Ziel, trafen die anderen zum Picknick und … Aber das Motorrad bockte und riss Caroline unsanft aus ihren Träumen, Joschi bremste und hielt.

„Ist was?", fragte Caroline.

<u>„Klar ist was. Aber was? Verdammter Ofen!" Joschi stieg ab und hockte sich vor das Motorrad.</u>

„Du wirst es schon wieder reparieren", sagte Caroline. „Du musst ins nächste Dorf und jemand holen. Benzin ist noch drin, also weiß ich nicht, was los ist. Los, Caroline, geh schon."

„Es sind noch zehn Kilometer", sagte Caroline und pflückte ein paar Blumen.

„Nicht laufen – trampen", sagte Joschi.

„Autostopp?", fragte Caroline ungläubig.

„Na klar."

„Das darf ich nicht", sagte Caroline. <u>Autostopp gehörte zu den wenigen Dingen, die ihr von zu Hause aus verboten waren.</u> „Autostopp mache ich nie im Leben."

<u>Joschi hob den Kopf. Er war rot im Gesicht. Er sah nicht mehr so gut aus.</u>

<u>„Ich mache keinen Autostopp", sagte Caroline nicht unfreundlich, aber bestimmt.</u>

„Okay, dann musst du dich eben hier neben das Motorrad setzen und warten, bis ich zurückkomme." „Du willst mich hier allein sitzen lassen?" „Na klar, einer muss bei der Maschine bleiben." <u>Caroline erklärte ihm freundlich und sachlich, wie man es tun musste: Es war zu gefährlich, wenn sie hier allein sitzen blieb. Trampen kam nicht in Frage. Es blieb nichts anderes übrig, als dass sie zu zweit die zehn Kilometer bis zu den anderen liefen, und das Motorrad blieb dann eben allein.</u>

„Was ist wichtiger: das Motorrad oder ich?"

<u>Sein Gesicht war jetzt noch röter: „Du meinst das ernst?"</u>

„Natürlich", sagte Caroline lächelnd und hielt ihm die Blumen hin.

„Sind sie nicht hübsch?"

<u>Joschi drehte sich um und ging die Landstraße entlang.</u> Caroline hatte noch nicht ganz verstanden, was geschah, <u>da war Joschi schon zweihundert Meter entfernt, ein Auto hielt neben ihm, Joschi stieg ein.</u>

„Joschi!", rief Caroline hinter dem Auto her. „Joschi! Du kannst doch nicht – ich habe dir doch erklärt – Joschi!"

Das Auto war schon nicht mehr zu sehen.

Caroline fing an zu weinen. Sie hatte kein Taschentuch dabei. Sie fuhr sich mit der Hand übers Gesicht und sah hoch. Blöde Ziege, von wegen! Verdammtes Motorrad!

Sie würde – o nein, sie würde nicht! Während sie den Picknickkorb vom Gepäckträger band, <u>sah sie Bilder vor sich von Dingen, die mit Mädchen passierten, wenn sie allein am Landstraßenrand saßen und warteten, bis ein Auto kam und hielt</u> und Caroline lief. Sie weinte immer noch, und die Nase rann ihr, und sie musste den Picknickkorb abwechselnd in die rechte und in die linke Hand nehmen. Und so lief Caroline über die Wiesen.

b Zutreffend sind die Aussagen A und C. Nicht zutreffend sind die Aussagen B und D.

2 *Mögliche Mindmap:*

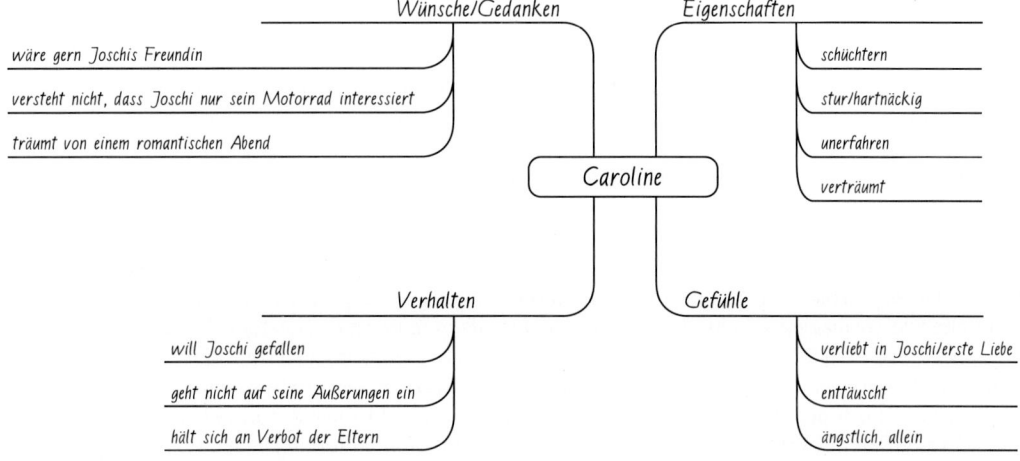

Wünsche/Gedanken — wäre gern Joschis Freundin; versteht nicht, dass Joschi nur sein Motorrad interessiert; träumt von einem romantischen Abend

Eigenschaften — schüchtern; stur/hartnäckig; unerfahren; verträumt

Caroline

Verhalten — will Joschi gefallen; geht nicht auf seine Äußerungen ein; hält sich an Verbot der Eltern

Gefühle — verliebt in Joschi/erste Liebe; enttäuscht; ängstlich, allein

3

a **Caroline → Joschi:** verliebt, anhimmelnd, bewundernd, nach Bestätigung suchend, anbiedernd, harmoniebedürftig – **Joschi → Caroline:** kühl, gleichgültig, bestimmend, unfreundlich

b Die Geschichte ist aus der Sicht von Caroline erzählt. Darum erfährt man viel über ihre innere Handlung. Über Joschi erfährt man nur etwas durch die äußere Handlung und weiß darum nichts über seine Gedanken und Gefühle.

Seite 16–17

Eine (erweiterte) Inhaltsangabe schreiben

1

In der Kurzgeschichte „Caroline, über Wiesen laufend" von Irmela Brender geht es um die Beziehung zwischen Caroline und Joschi. Caroline ist in Joschi verliebt und erträumt sich einiges. Joschi weiß davon aber nichts und erwidert ihre Gefühle auch nicht. Die beiden reden und handeln aneinander vorbei.

2

a *Mögliche Wiedergabe in indirekter Rede:*
Caroline vertraut Joschi. Als das Motorrad stehen bleibt, entgegnet sie auf sein Schimpfen, er werde es schon wieder reparieren. Joschi erwidert, sie solle im nächsten Dorf Hilfe holen. Caroline weist darauf hin, dass das Dorf noch weit entfernt sei.

b *Mögliche Umschreibung mit eigenen Worten:*
Als das Motorrad liegen bleibt, ist Caroline voller Vertrauen, dass Joschi es reparieren kann. Doch Joschi schickt sie ins nächste Dorf, um Hilfe zu holen. Caroline lehnt dies ungläubig ab, da das Dorf noch weit weg ist.

3

a *(Handlungsschritt 1)* Die Kurzgeschichte setzt unmittelbar ein, sie springt mitten in die Gedanken der Hauptfigur Caroline. **Zu Beginn** erfährt man, dass sie einen Jungen namens Joschi sehr bewundert. Die Handlung beginnt **anschließend** damit, dass Joschi und Caroline auf einer Landstraße mit einem Motorrad unterwegs zu einem Picknick mit Freunden sind. **Während** Caroline romantischen Träumen nachhängt, bleibt das Motorrad **plötzlich** stehen.

b *(Handlungsschritt 2)* **Weil** Caroline darauf vertraut, dass Joschi das Problem lösen wird, versteht sie **anfangs** nicht, dass Joschi sie losschickt, um Hilfe aus dem weit entfernten Dorf zu holen. **Aber** Joschi besteht darauf, dass sie per Autostopp Unterstützung holt, **da** er sein Motorrad nicht allein lassen will. *(Handlungsschritt 3)* **Nachdem** Caroline ihm erklärt hat, warum sie dies nicht machen wird, fährt Joschi kurzerhand selbst los. **Daraufhin** bleibt Caroline allein auf der Landstraße zurück. *(Handlungsschritt 4)* Sie hat große Angst. **Bevor** ihr etwas passiert, läuft sie mit dem Picknickkorb über die Wiesen davon und lässt das Motorrad zurück.

4 *Mögliche Lösung zur erweiterten Aufgabenstellung:*

Caroline ist sehr verliebt in Joschi, über den sie sich viele Gedanken gemacht hat. Sie träumt davon, seine Freundin zu sein. Zu Beginn der Geschichte stellt sie sich vor, wie sie und Joschi Hand in Hand über Wiesen laufen. Als es zur Motorradpanne kommt, traut Caroline Joschi zu, dass er das Problem mühelos beheben wird. Sie versteht nicht, dass er das nicht kann. Sie merkt auch nicht, dass er zunehmend verärgerter reagiert, weil sie keine Hilfe holen will. Sie bleibt in ihrer Traumwelt, reagiert nicht auf Joschis Verhalten und geht nicht seine Wünsche ein.

Joschi scheint sich mehr für sein Motorrad als für Caroline zu interessieren. Über seine Wünsche und Gefühle erfährt man nichts. Nur aus seinen Redebeiträgen kann man schließen, dass er wütend ist, zuerst über die Panne und dann zunehmend über Carolines verständnisloses Verhalten. Er hat nicht viel Geduld, geht nicht auf Carolines Wünsche ein und handelt schließlich, ohne sich weiter um sie zu kümmern.

Zusammenfassend kann man sagen, dass die beiden eigentlich gar keine Beziehung zueinander haben. Sie verbringen Zeit miteinander, doch jeder ist in seiner eigenen Gedankenwelt unterwegs.

5 a + b *Mögliche Inhaltszusammenfassung:*

(Einleitung) In der Kurzgeschichte „Caroline, über Wiesen laufend" von Irmela Brender geht es um die Beziehung zwischen Caroline und Joschi. Caroline ist in Joschi verliebt, was Joschi jedoch nicht weiß. Die beiden reden und handeln aneinander vorbei.
(Hauptteil) Die Kurzgeschichte setzt unmittelbar ein, sie springt mitten in die Gedanken der Hauptfigur Caroline. Zu Beginn erfährt man, dass sie einen Jungen namens Joschi sehr bewundert. Sie scheint in ihn verliebt zu sein und träumt davon, Hand in Hand mit Ihm über Wiesen zulaufen. Die Handlung beginnt anschließend damit, dass Joschi und Caroline auf einer nicht näher genannten Landstraße in einer ebenfalls nicht beschriebenen Gegend auf einem Motorrad unterwegs sind. Sie wollen ein Picknick mit Freunden machen. Während Caroline ihren Träumen nachhängt, bleibt das Motorrad plötzlich stehen. Joschi reagiert sehr aufgeregt, was Caroline aber offenbar nicht versteht. Als das Motorrad stehen bleibt, entgegnet sie auf sein Schimpfen, er werde es schon wieder reparieren. Joschi bittet sie, im nächsten Dorf Hilfe zu holen. Caroline weist seinen Wunsch mit dem Hinweis zurück, das Dorf sei noch weit entfernt. Aber Joschi besteht darauf, dass sie per Autostopp Unterstützung holt, da er sein Motorrad nicht allein lassen will. Nachdem Caroline ihm erklärt hat, sie werde dies nicht machen, fährt Joschi kurzerhand selbst los. Daraufhin bleibt Caroline allein auf der Landstraße zurück. Sie hat große Angst. Bevor ihr etwas passiert, läuft sie mit dem Picknickkorb über die Wiesen davon und lässt das Motorrad zurück. Im wirklichen Geschehen läuft sie allein, statt wie in ihrem Traum zusammen mit Joschi.

Texte schreiben

Seite 18

Fragebogen: Wie gehe ich beim Schreiben vor?

1 *Das könntest du geantwortet haben:*
zu 1.: Die richtige Nummerierung ist A = 2 – B = 4 – C = 1 – D = 5 – E = 3
zu 2.: A + b – B + c – C + a
zu 3.: Die richtigen Verbindungen führen zu folgender Übersicht über die Proben:

E: Ergänzen – Ich verwende die **Erweiterungsprobe,** wenn ich genauer formulieren will.
S: Streichen – Ich verwende die **Weglassprobe,** wenn Überflüssiges oder Wiederholungen streichen will.
A: Austauschen – Ich verwende die **Ersatzprobe,** wenn ich Wortwiederholungen oder Umgangssprachliches vermeiden will.
U: Umstellen – Ich verwende die **Umstellprobe,** wenn ich abwechslungsreicher schreiben will.

Einen Informationstext verfassen

Seite 20

Sich über das Thema informieren

2 a Nur zu Frage H finden sich keine Informationen in den Materialien. Alle anderen Fragen sollten angekreuzt sein.

b Material 1 **Alexander Gerst: Ein Held im Weltraum**
  – Alexander Gerst, 1976 geboren, Studium: Geophysik **(A)**
  – sagt von sich selbst, sein größtes Glück als junger Mensch war, dass er seinen Interessen nachgehen durfte und seine Eltern ihn in allem unterstützten, ging dann seinen Weg und ergriff Chancen (= sehr bescheiden) **(A)**
  – arbeitete als Naturforscher: untersuchte zuerst Vulkanausbrüche (mehr Infos: www.planet3.de) **(B)**
  – Gerst setzte sich beim Auswahlverfahren der ESA gegen 8407 Mitbewerber durch, Ausbildung begann 2009 im EAC in Köln **(B)**
  – Frühjahr 2014: Expedition zur Internationalen Raumstation ISS, seine erste und bisher einzige **(D)**
  – lebte und forschte in über 400 km Höhe auf der ISS: Mission „Blue Dot" (deutsch: blauer Punkt, Anspielung auf den kleinen Planeten Erde in den Weiten des Weltraums, mehr Infos: www.dlr.de/next/) **(C, D, E)**
  – 166 Tagen im All, etwa 2500 Erdumrundungen, Landung auf der Erde am 10. November 2014, 4:58 Uhr unserer Zeit (MEZ, 9:58 Uhr Ortszeit) an Bord einer Raumkapsel in Kasachstan **(D)**
  – Gerst in Interviews: „Unser Planet ist aus der Ferne nur ein blauer Punkt und wirkt wie ein zerbrechliches Raumschiff für die Menschheit. Schaut man von außen auf unseren Planeten, ist es völlig unlogisch und unverständlich, dass wir uns gegenseitig bekriegen und unsere Umwelt verschmutzen." **(I)**
  – Wunsch für die Zukunft: möglichst vielen Menschen klarmachen, wie wichtig der Schutz unserer Erde ist **(I)**
  – betreute im All 160 Experimente, Zweck: das Leben auf der Erde zu verbessern **(C, E, F)**

Material 2 Land: Deutschland **(A)**
  – Organisation: Europäische Weltraumorganisation (ESA) **(A, B)**
  – Datum der Auswahl: 20.05.2009 **(A)**
  – Ausbildung: Europäisches Astronautenzentrum (EAC) **(B)**
  – Anzahl der Raumflüge: 1 **(B)**
  – Start erster Raumflug: 28.05.2014 **(B, D)**
  – Rückkehr/Landung: 10.11.2014 **(B, D)**
  – Gesamtdauer: 165 Tage, 8 Stunden, 1 Minute **(D)**
  – Einsätze außer Bord: 1 **(B, D)**
  – Dauer des Einsatzes: 6 Stunden, 13 Minuten **(B. D)**

Material 3 **(G)**

3 a Das Tortendiagramm zeigt, **aus welchen Ländern die bisherigen Raumfahrer stammen**. Es wird deutlich, dass die meisten Raumfahrer, nämlich **344,** aus **den USA** kommen. Gefolgt von **Russland,** das bereits 118 Menschen in den Weltraum entsandte.

b Dass Alexander Gerst zur ISS geflogen ist, ist etwas Besonderes, weil bisher im Vergleich nur wenige Deutsche in den Weltraum geflogen sind.

Den Text planen und passende Informationen auswählen

1 *Mögliche Mindmap:*

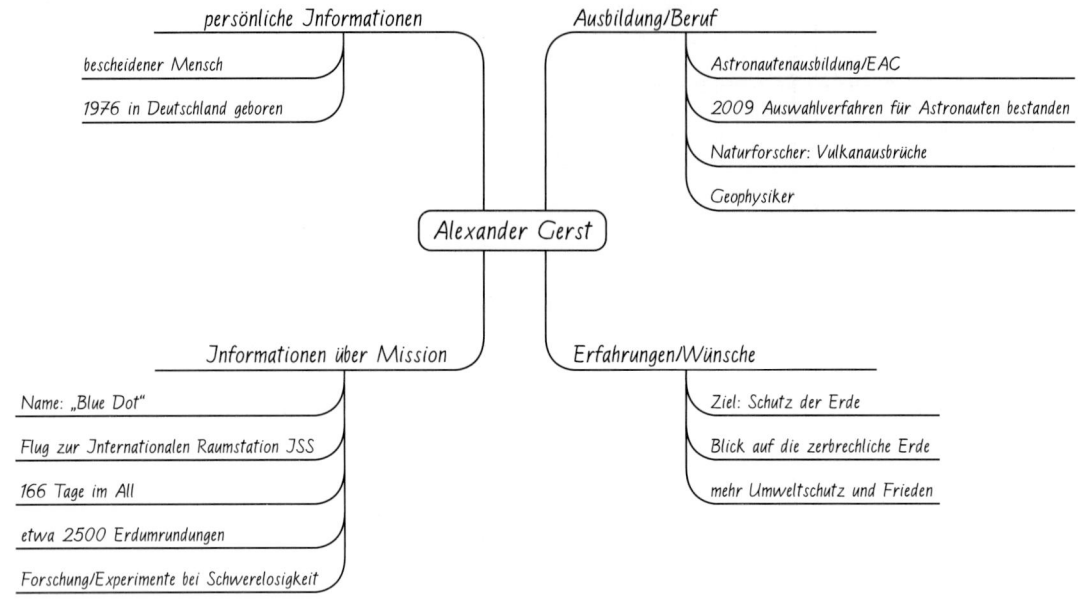

Seite 21

2 *Mögliche Fortsetzung der Begründung:* Der vorgeschlagene „rote Faden" [...], kann man in dieser Reihenfolge gut erklären, **wer er ist, wie er zu seinem Beruf kam, an welcher Mission er teilgenommen hat und was er für die Zukunft wünscht oder was er noch machen will.**

3 a **1. Vergangenheit:** geboren 1976 in Deutschland, studierte Geophysik, mehrere Berufe: arbeitete als Naturforscher (untersuchte Vulkanausbrüche), ist jetzt Astronaut – **2. Gegenwart:** bewarb sich 2009 bei der ESA (Europäische Weltraumorganisation) als Astronaut, machte eine Ausbildung im EAC (Europäisches Astronautenzentrum), nahm an der Raumflug-Mission „Blue Dot" teil, betreute Forschung – **3. Zukunft:** besonders beeindruckend: winziger, zerbrechlicher Planet Erde im Weltall, Wunsch: mehr Umweltschutz und Frieden

Den Informationstext schreiben

Seite 22

1 Ich soll einen informierenden / ~~beschreibenden~~ / ~~argumentierenden~~ Text an ~~das interessierte Fachpublikum~~ / meine Mitschülerinnen und Mitschüler für ~~eine Homepage~~/die Schülerzeitung erstellen. Der Informationstext hat das Thema „Alexander Gerst – ein deutscher Wissenschaftler im Weltraum"/ ~~„Die Internationale Raumstation ISS".~~

2 a + b Du hast viele persönliche Wertungen / ~~sachliche Beurteilungen~~ verwendet. Formuliere ~~anschaulicher~~ / sachlicher.

c Nach ~~unglaublichen~~ 166 Tagen im Weltraum landete Alexander Gerst ~~genauer gesagt~~ in Kasachstan wieder auf der Erde. Im Rahmen der Mission „Blue Dot" hatte er auf der ~~echt extrem hoch fliegenden~~ Internationalen Raumstation ISS gelebt und ~~ziemlich hart~~ gearbeitet. Der Naturwissenschaftler ist erst der zehnte Deutsche ~~überhaupt,~~ der ins Weltall geflogen ist.

d Nach 166 Tagen im Weltraum landete Alexander Gerst in Kasachstan wieder auf der Erde. Im Rahmen der Mission „Blue Dot" hatte er auf der Internationalen Raumstation ISS gelebt und gearbeitet. Der Naturwissenschaftler ist erst der zehnte Deutsche, der ins Weltall geflogen ist.

Seite 23

3 Alexander Gerst ist ein gutes Vorbild, darum möchte ich ihn euch gern vorstellen. Nach 166 Tagen im All **landete** Gerst als zehnter Deutscher im November wieder auf der Erde, nachdem er zuvor an der Mission „Blue Dot" **teilgenommen hatte.** In über 400 km Höhe **hatte** der Astronaut in der Schwerelosigkeit **gelebt und gearbeitet.** Fünf Jahre zuvor, im Jahr 2009 **ernannte** die Raumfahrtorganisation Gerst zum Astronauten, nachdem er sich vorher gegen 8407 Mitbewerber **durchgesetzt hatte.**

4 Alexander Gerst bereitete sich auf die Mission vor, **indem** er sich über Jahre fortbildete und viel trainierte. Mit der Bereitschaft zur Teilnahme an der Mission bewies er großen Mut, **weil** der Flug ins All große Gefahren barg und der lange Aufenthalt in der Raumstation mit großen Anstrengungen für Körper und Geist verbunden war. Alexander Gerst führte an Bord der ISS 160 Experimente durch, **sodass** man auf neue Forschungsergebnisse hoffen kann. Der Astronaut nahm seine Eindrücke auf Fotos auf und veröffentlichte diese im Internet, **weil** er hofft, dass die Menschen die Zerbrechlichkeit der im riesigen

Weltall so winzigen Erde erkennen und sich besser um sie kümmern. **Während** viele Menschen in ihm ein großes Vorbild sehen, ist er selbst zu bescheiden, um dies von sich zu denken. Er sagt, er habe als junger Mensch verständnisvolle Eltern gehabt, die ihm Raum für seine Interessen gaben.

Seite 24

5

a **Indirekte Rede:** Alexander Gerst sagt in Interviews, dass unser Planet aus der Ferne nur ein blauer Punkt sei und wie ein zerbrechliches Raumschiff für die Menschheit wirke. Schaue man von außen auf unseren Planeten, sei es völlig unlogisch und unverständlich, dass wir uns gegenseitig bekriegen und unsere Umwelt verschmutzen würden.

b **Umschreibung mit eigenen Worten:** Alexander Gerst betont in Interviews, wie zerbrechlich die Erde aus dem Weltraum betrachtet wirkt. Er ist besorgt, weil die Menschen diesen kleinen, blauen Planeten durch Kriege und Umweltverschmutzung gefährden.

6 a + b *Möglicher Schluss:*

> Mit der Teilnahme an der Mission „Blue Dot" bewies Alexander Gerst großen Mut, er nahm extreme Anstrengungen für Körper und Geist auf sich. Sein Traumziel, Astronaut zu werden, verfolgte er mit Ausdauer, bis es irgendwann gelungen ist. Wir sollten uns Alexander Gerst zum Vorbild nehmen, denn er ist trotz seines großen Erfolges ein bescheidener Mensch geblieben. Seine Berühmtheit setzt er nicht für sich seinen privaten Vorteil, sondern für den Schutz des Planeten Erde ein.

Seite 25

Den Informationstext überarbeiten

1 a + b Begründung: Überschrift B ist geeignet, weil sie sachlich ist und dennoch interessant.

2

a
Monatelang <u>hat</u> Alexander Gerst die Menschheit mit seinen Bildern und Berichten aus dem Weltall <u>unterhalten</u>, bevor er im November 2014 wieder auf der Erde landete.	*Tempus*
Punkt 4:58 Uhr MEZ <u>schlägt</u> die Landungskapsel in der Steppe in Kasachstan auf.	*Tempus*
Alexander Gerst ist erst der zehnte Deutsche, der überhaupt jemals ins All flog.	
Alexander Gerst ist 1976 geboren. Ins All flog ~~Alexander Gerst~~ also mit 38 Jahren.	*Wiederholung*
Wie hat er das geschafft? ~~So einen coolen Job kriegt ja nicht jeder.~~	*Umgangssprache*
Alexander Gerst interessierte sich schon früh für den Weltraum. ~~Kann man verstehen.~~	*Wertung*
~~Ich finde auch, das ist ein extrem tolles Thema.~~ ~~Alexander Gerst~~ studierte erst einmal,	*Wertung, Wdh.*
und zwar Geophysik. Anschließend arbeitete ~~Alexander Gerst~~ als Vulkanforscher.	*Wiederholung*
<u>Im Jahr 2009 bewarb sich Alexander Gerst bei der ESA. Das ist das Europäische</u>	*Satzverknüpfungen*
<u>Raumfahrtzentrum. Es gab 8407 weitere Bewerber. Alexander Gerst wurde genommen.</u>	*fehlen*
<u>Er durfte noch nicht ins All. Vorher musste er eine Ausbildung machen. Die Ausbildung</u>	
<u>fand im Gagarin-Kosmonauten-Trainingscenter in Moskau statt. Sie dauerte Jahre.</u>	

b *Mögliche Überarbeitung:*

> Monatelang unterhielt Alexander Gerst die Menschheit mit seinen Bildern und Berichten aus dem Weltall, bevor er im November 2014 wieder auf der Erde landete. Punkt 4:58 Uhr MEZ schlug die Landungskapsel in der Steppe in Kasachstan auf. Alexander Gerst ist erst der zehnte Deutsche, der überhaupt jemals ins All geflogen ist.
> Alexander Gerst ist 1976 geboren. Ins All flog er also mit 38 Jahren. Wie hat er das geschafft? Alexander Gerst interessierte sich schon früh für den Weltraum. Er studierte erst einmal, und zwar Geophysik. Anschließend arbeitete er als Vulkanforscher. Im Jahr 2009 bewarb sich Alexander Gerst bei der ESA, dem Europäischen Raumfahrtzentrum. Obwohl es 8407 weitere Bewerber gab, wurde Alexander Gerst genommen. Bevor er eine Ausbildung gemacht hatte, durfte er aber noch nicht ins All. Die Ausbildung fand im Gagarin-Kosmonauten-Trainingscenter in Moskau statt und dauerte Jahre.

3 a + b *Möglicher Informationstext:*

> **Deutscher Astronaut: Unser Held im All**
> Alexander Gerst ist ein gutes Vorbild, darum möchte ich ihn euch gern vorstellen. Nach 166 Tagen im Weltraum landete der deutsche Astronaut Alexander Gerst im November 2014 in Kasachstan wieder auf der Erde. Im Rahmen der Mission „Blue Dot" hatte er etwa 400 Kilometer über der Erde in der Internationalen Raumstation ISS gelebt und gearbeitet. Alexander Gerst ist erst der zehnte Deutsche, der ins Weltall geflogen ist.
> Bereits im Jahr 2009 ernannte die Raumfahrtorganisation Alexander Gerst zum Astronauten, nachdem er sich vorher gegen 8407 Mitbewerber durchgesetzt hatte. Doch den Start ins All erlaubte man erst, nachdem sich der Deutsche intensiv vorbereitet hatte. Über viele Jahre nahm er an einer Ausbildung im Gagarin-Kosmonauten-Trainingscenter in Moskau teil und trainierte dort mit Kollegen. Im Frühjahr 2014 startete dann die Expedition in den Weltraum. Im

Rahmen der Mission „Blue Dot" führte Alexander Gerst viele Experimente an Bord der ISS durch, sodass man auf neue Forschungsergebnisse hoffen kann. Nach etwa 2500 Erdumrundungen landete er um 4:58 Uhr unserer Zeit (MEZ) an Bord einer Raumkapsel in Kasachstan. Alexander Gerst nahm viele Fotos auf und veröffentlichte diese im Internet, weil er hofft, den Menschen so die Zerbrechlichkeit der kleinen Erde zeigen zu können. In Interviews weist er darauf hin, dass unser Planet aus der Ferne nur ein blauer Punkt sei, ein zerbrechliches Raumschiff für die Menschheit. Es sei völlig unverständlich, dass wir uns gegenseitig bekriegen oder die Umwelt zerstören.

Mit der Teilnahme an der Mission bewies der Astronaut großen Mut, weil der Flug ins All große Gefahren barg und der lange Aufenthalt in der Raumstation mit großen Anstrengungen für Körper und Geist verbunden war. Dabei zeigte er uns eindrucksvoll, wie klein und verletzlich unser Planet doch ist. Alexander Gerst gibt jungen Menschen ein gutes Vorbild: Er erreichte mit Ausdauer ein großes Ziel, aber er blieb trotzdem bescheiden und nutzt seine Berühmtheit, um unsere Erde zu schützen.

Einen Arbeitsablauf beschreiben

Seite 26

Informationen sammeln und ordnen

1
a A + 2 – B + 1 – C + 4 – D + 3

b Die richtige Reihenfolge der Arbeitsschritte ist B (1), A (2), D (3), C (4).

Seite 27

Die Beschreibung sachlich und genau verfassen

1
a Richtig ist Antwort C.

b Wenn ich einen Arbeitsablauf für jemanden beschreibe, der diesen nicht kennt, muss ich Folgendes beachten:
   – Ich muss alle Vorgänge möglichst genau / ~~interessant~~ beschreiben.
   – Es ist ~~unerheblich~~ / sehr wichtig, die richtige Reihenfolge der Arbeitsschritte darzustellen.
   – Um genau zu beschreiben, muss ich ~~Alltagssprache~~ / Fachbegriffe verwenden und diese erklären / ~~nicht erklären~~, wenn ich nicht für Fachleute schreibe.

2 *Mögliche Erklärungen:*
Skulptur: in Stein gehauene Figur, Bildhauerarbeit – Bestands|erfassung: Bestand = das, was es gibt/was vorhanden ist; Erfassung = etwas erkennen und festhalten/aufschreiben/dokumentieren – **Skalpell:** kleines Messer mit feststehender Klinge – Mikroskop|brille: Mikroskop = Vergrößerungsgerät, mit dem man kleine Gegenstände oder Oberflächen groß sehen kann, eine Mikroskopbrille kann statt einer Lupe verwendet werden – **Restaurierung** = Kunstwerk oder Bauwerk in seinen ursprünglichen Zustand bringen, wiederherstellen – **Konservierung** = etwas haltbar machen

3 *Mögliche Aufstellung der Materialien/Werkzeuge:*
[...] Er benötigt: Recherchematerial (z. B. Bücher, Internet), Lampe, Skalpell, Lupe/Mikroskopbrille, Spachtel, Spachtelmasse, Schwamm, Pinsel und Konservierungsmittel.

Seite 28

4 *Mögliche Verknüpfungen:*
Zu Beginn/Zuerst/Anfangs untersucht der Restaurator die Steinskulptur für die Bestandsaufnahme sehr genau [...]. **Danach/Darauf/Dann** werden oft kleine Materialproben entnommen, [...]. **Sobald** das Ergebnis vorliegt, [...]. **Im Anschluss/Anschließend** wird alles schriftlich festgehalten. **Erst am Ende/Schlussendlich** überlegt der Restaurator [...].

5
a Zu Beginn untersucht der Restaurator die Steinskulptur für die Bestandsaufnahme sehr genau mit einer Lupe oder mit einer Mikroskopbrille, weil er sehen will, ob der Stein beschädigt ist. Er prüft dabei auch, warum ein Schaden entstanden sein könnte. Danach werden oft kleine Materialproben entnommen, um ein genaueres Ergebnis zu erzielen. Sobald das Ergebnis vorliegt, kennt der Restaurator die genaue Art des Schadens. Im Anschluss wird alles schriftlich festgehalten. Erst am Ende überlegt der Restaurator gemeinsam mit dem Eigentümer der Skulptur, was geschehen kann.

b Man verfasst eine Beschreibung im **Präsens**, um das Allgemeingültige des Vorgangs auszudrücken.

6
a Ein Restaurator muss sich vorbereiten. Eine Schadensbeschreibung zeigt ihm, wie er während der Arbeit vorgehen muss. Im Stadtarchiv, dort werden Schriftstücke gesammelt, und in Bibliotheken befinden sich oft Texte, die Informationen über die Kunstobjekte enthalten. Einen Restaurator interessiert die Historie: Wann ist die Skulptur entstanden und warum wurde sie in Auftrag gegeben? [...]

b Merle ~~hat~~ / hat nicht nur „sein" und „haben" verwendet. Ihre Wahl der Verben ist ~~eintönig~~ / abwechslungsreich.

c *Mögliche Erweiterungen:*
Ein Restaurator muss sich **(D) sorgfältig** vorbereiten. Eine **(F) genaue** Schadensbeschreibung zeigt ihm, wie er während der Arbeit vorgehen muss. Im Stadtarchiv, dort werden Schriftstücke gesammelt, und in Bibliotheken befinden sich oft **(B) ältere** Texte, die Informationen über die Kunstobjekte enthalten. Einen Restaurator interessiert die Historie: Wann ist die Skulptur entstanden und warum wurde sie in Auftrag gegeben? Er versucht auch herauszufinden, wer den Steinhelden geschaffen hat. Mit etwas Glück findet er sogar eine **(C) detaillierte** Zeichnung im Archiv, die den **(E) ursprünglichen** Zustand der Skulptur zeigt. Daran kann er sich orientieren, wenn zum Beispiel Stücke fehlen.

Seite 29

7 *Mögliche Schlussformulierungen:*

A Es ist für Restauratoren sehr wichtig, das Kunstwerk so zu erhalten, wie es ursprünglich geschaffen wurde. Damit dies gelingen kann, ist gute Vorbereitung das A und O für den Erfolg. Diesen Beruf sollten darum Menschen ergreifen, die viel Geduld haben.

B Die Beschreibung zeigt, dass ein Restaurator mit großer Sorgfalt und Konzentration arbeiten muss. Die alten Kunstschätze sind wertvoll und dürfen bei der Pflege oder Aufarbeitung nicht weiter beschädigt oder gar verfälscht werden. Wenn man die „guten Helden" im Kölner Rathaus strahlen sieht, erkennt man, wie gut der Restaurator gearbeitet hat.

C Die Beschreibung zeigt, dass in diesem Beruf Fachkenntnis und handwerkliches Können sehr wichtig sind. Restauratoren tragen in hohem Maße dazu bei, dass Kunstwerke für die Nachwelt erhalten bleiben.

Überarbeiten: Auf Verknüpfungen achten

1 a + b [...] Der Restaurator hat sich über das Material und den Ursprungszustand der Skulptur informiert. Die eigentliche Arbeit kann beginnen. Vorsichtig reinigt er die Skulptur mit einem Schwamm. Verunreinigungen und Staub werden sorgfältig abgetragen. Festgesetzten Schmutz nimmt er mit einem kleinen Skalpell ab.
Die gereinigte Fläche wird nun konserviert, das bedeutet, sie wird haltbar gemacht. Der Restaurator verwendet dafür meist besondere und geprüfte Konservierungsstoffe, die vorsichtig auf den Stein auftragen werden. Lose Stellen, die ansonsten vielleicht ausbrächen, härtet er auf diese Weise.
Bei jeder Restaurierung werden auch Beschädigungen ausgebessert. Der Restaurator repariert kleinere Schäden im Stein, er verspachtelt weggebrochene Stellen. Wichtig ist, das ursprüngliche Kunstwerk nicht zu verfälschen. Oberstes Ziel ist es immer, den Ursprungszustand zu dokumentieren und zu erhalten. [...]

c Richtig sind B und C.

d *Mögliche Verbesserung:*
[...] **Nachdem** der Restaurator sich über das Material und den Ursprungszustand der Skulptur informiert hat, kann die eigentliche Arbeit beginnen. **Anfangs** reinigt er die Skulptur vorsichtig mit einem Schwamm. **Anschließend** werden Verunreinigungen und Staub sorgfältig abgetragen und festgesetzter Schmutz wird mit einem kleinen Skalpell abgenommen.
In einem nächsten Arbeitsschritt wird die gereinigte Fläche nun konserviert, das bedeutet, sie wird haltbar gemacht. **Für diese Tätigkeit** verwendet der Restaurator meist besondere und geprüfte Konservierungsstoffe, die vorsichtig auf den Stein auftragen werden. **Während dieser Arbeit** härtet er auch lose Stellen, die ansonsten vielleicht ausbrächen.
Bei jeder Restaurierung werden auch Beschädigungen ausgebessert. **Zuerst** repariert der Restaurator **bei diesem abschließenden Arbeitsschritt** kleinere Schäden im Stein **und** er verspachtelt weggebrochene Stellen. Wichtig ist, das ursprüngliche Kunstwerk nicht zu verfälschen. Oberstes Ziel ist es immer, den Ursprungszustand zu dokumentieren und zu erhalten. [...]

2 a + b *Mögliche Beschreibung des Arbeitsablaufs eines Restaurators beim Restaurieren einer Steinskulptur*
(Wörter, die die Reihenfolge zeigen):

(Einleitung) Bevor der beschädigte „gute Held" gereinigt und repariert werden kann, schaut der Restaurator ihn genau an.
Sobald er weiß, was zu tun ist, legt er Werkzeug und Material bereit. Er benötigt: Recherchematerial (z. B. Bücher, Internet), eine Lampe, ein Skalpell, eine Lupe oder eine Mikroskopbrille, verschiedene Spachtel, besondere Spachtelmasse, einen Schwamm, mehrere unterschiedliche Pinsel und geeignete Konservierungsmittel.
(Hauptteil, Arbeitsschritt 1, siehe Seite 26, Aufgabe 1) Ein Restaurator muss sich **vor Beginn der eigentlichen Arbeit** sorgfältig vorbereiten. Im Stadtarchiv, dort werden Schriftstücke gesammelt, und in Bibliotheken befinden sich oft ältere Texte, die Informationen über die Kunstobjekte enthalten. Einen Restaurator interessiert die Historie: Wann ist die Skulptur entstanden und warum wurde sie in Auftrag gegeben? **In diesem Fall** klärt er, wer den Steinhelden geschaffen hat. Mit etwas Glück findet er sogar eine detaillierte Zeichnung im Archiv, die den ursprünglichen Zustand der Skulptur zeigt. Daran kann er sich orientieren, wenn zum Beispiel Stücke fehlen.
(Arbeitsschritt 2) **Zu Beginn** der Arbeit untersucht der Restaurator die Steinskulptur sehr genau mit einer Lupe, manchmal sogar mit einer Mikroskopbrille, um feststellen zu können, ob der Stein beschädigt ist. Es wird **dabei** auch genau geprüft, welche Ursachen ein Schaden haben könnte. Oftmals werden dabei auch kleine Proben entnommen, um ein genaueres Ergebnis zu erzielen. **Sobald** das Ergebnis vorliegt, kann der geschulte Restaurator dann die Ursachen für die Schäden erkennen. **Anschließend** informiert er sich, mit welchen Mitteln und auf welche Weise diese Schäden behoben

werden können. **Nach dieser Klärungsphase** überlegt der Restaurator gemeinsam mit dem Auftraggeber, wie das weitere Vorgehen aussehen soll.

(Arbeitsschritt 3) **Nachdem** der Restaurator sich über das Material und den Ursprungszustand der Skulptur informiert hat, kann die eigentliche Arbeit beginnen. **Anfangs** reinigt er die Skulptur vorsichtig mit einem Schwamm. **Anschließend** werden Verunreinigungen und Staub sorgfältig abgetragen und festgesetzter Schmutz wird mit einem kleinen Skalpell abgenommen.

(Arbeitsschritt 4) **In einem nächsten Arbeitsschritt** wird die gereinigte Fläche nun konserviert, das bedeutet, sie wird haltbar gemacht. **Für diese Tätigkeit** verwendet der Restaurator meist besondere und geprüfte Konservierungsstoffe, die vorsichtig auf den Stein aufgetragen werden. **Während dieser Arbeit** härtet er auch lose Stellen, die ansonsten vielleicht ausbrächen. **Danach** repariert der Restaurator kleinere Schäden im Stein und er verspachtelt weggebrochene Stellen. Wichtig ist, das ursprüngliche Kunstwerk nicht zu verfälschen. Oberstes Ziel ist es immer, den Ursprungszustand zu dokumentieren und zu erhalten.

(Schluss) Die Beschreibung zeigt, dass ein Restaurator sehr vorsichtig und mit großer Sorgfalt arbeiten muss. Die alten Kunstschätze sind wertvoll und sollen bei der Pflege und Aufarbeitung nicht weiter beschädigt oder auch verfälscht werden. Es ist für Restauratoren sehr wichtig, das Kunstwerk – so wie es ursprünglich gedacht war – zu erhalten.

Eine Stellungnahme überzeugend formulieren

Seite 31

2 Richtig ist Antwort B.

3 a + b Satzteile und Begriffe sind wie folgt richtig verbunden: A + c – B + b – C + a.

4 *Nora argumentiert im Blogbeitrag nicht, sie stellt nur ein Problem vor und verknüpft es mit einer Streitfrage: „Meine Frage ist, ob im Internet mehr digitale Zivilcourage gebraucht wird oder nicht." (Zeile 11–12)*

Mögliche Unterstreichungen in den Kommentaren (Meinung, Argument, Beispiel/Beleg):

Zwen79 (25.04.20XX, 18:31 Uhr)   für Zivilcourage im Netz? ☐ ja ☒ nein

Ich denke, dass es nicht sinnvoll ist, im Sinne einer digitalen Zivilcourage einzugreifen. Wer im Internet andere beleidigt, macht das bewusst. Er lässt sich sicher nicht durch einen Kommentar von mir beeindrucken. Ich glaube, dass das eher das Gegenteil bewirkt und derjenige noch aggressiver reagiert. Gerade neulich habe ich erlebt, dass jemand einfach anonym weitergepöbelt hat. Wie sagen erfahrene Blogger: „Don't feed the troll."

MisterM (25.04.20XX, 18:45 Uhr)   für Zivilcourage im Netz? ☒ ja ☐ nein

Ich muss widersprechen, Zwen79. Digitale Zivilcourage ist sinnvoll, technisch möglich und sehr wichtig. Würde man beleidigende oder abwertende Aussagen einfach unkommentiert stehenlassen, würde der Eindruck erweckt, dass die meisten so denken. Man muss sich einmischen, auch, weil das demjenigen hilft und Mut macht, der beleidigt wurde. Einen diskriminierenden Kommentar an die Moderatoren eines Forums oder Blogs zu melden oder einen Film löschen zu lassen, ist doch nicht schwer. Das habe ich auch schon gemacht.

Mara (25.04.20XX, 19:05 Uhr)   für Zivilcourage im Netz? ☐ ja ☒ nein

Ich bin dagegen, dass man solche Beiträge meldet oder negativ kommentiert. Schließlich herrscht in diesem Land Meinungsfreiheit. Wer hat das Recht zu sagen: Das darfst du sagen oder zeigen, das aber nicht? *(kein Beispiel)*

Dilara (25.04.20XX, 19:16 Uhr)   für Zivilcourage im Netz? ☒ ja ☐ nein

@Mara: Ich bin der Meinung, dass man eingreifen muss. Meinungsfreiheit endet da, wo die Würde von anderen verletzt wird. Sicher: Im Internet sind Beleidigungen virtuell, niemand kommt körperlich zu Schaden. Dagegenhalten möchte ich, dass gerade diese Form der Gewalt auch sehr verletzend sein kann. Ich kenne ein Mobbingopfer, das nicht mehr schlafen kann. Das ist für mich das wichtigste Argument für digitale Zivilcourage.

5 a *Ob du für digitale Zivilcourage bist oder dagegen, bestimmt die weitere Auswahl der Argumente und Beispiele bzw. des Gegenarguments.*

b **Argumente für** digitale Zivilcourage/ein Eingreifen bei Mobbing im Internet: A, C und F.
Mögliches eigenes Argument: Reagiert niemand auf Herabwürdigungen im Netz, glauben die Täter, ihr Verhalten wäre normal und sie hätten ein Recht dazu, aber sie brauchen Grenzen.
Argumente gegen digitale Zivilcourage/ein Eingreifen bei Mobbing im Internet: B, D und E.
Mögliches eigenes Argument: Die Täter bekommen nur noch mehr Aufmerksamkeit für ihre Unverschämtheiten, am besten ignoriert man sie, dann wird das irgendwann langweilig.

Seite 32

6 a Zuordnung der Beispiele zu den Argumenten von Aufgabe 5: A + 1 – F + 2 – D + 3 – E + 4

b *Mögliche weitere Beispiele (zu den noch offenen Argumenten von Aufgabe 5):*
Zu 5: B Neulich habe ich zum Beispiel etwas zu einem Kommentar geschrieben, da sind plötzlich alle über mich hergefallen, auch das vermeintliche Opfer.
C Um ein Beispiel dafür zu geben: Nachdem ich die Kommentare zu dem Film gelesen habe, den Nora meint, war mir buchstäblich schlecht vor Entsetzen, denn sie zeigen ein völliges Fehlen von Mitgefühl für andere.
Zu 6: Mögliche weitere Beispiele *(zu den eigenen Argumenten von Aufgabe 5):*
Dafür: Reagiert niemand auf Herabwürdigungen im Netz, glauben die Täter, ihr Verhalten wäre normal und sie hätten ein Recht dazu, aber sie brauchen Grenzen. *Beispiel:* Das beste Beispiel ist dieser berühmte Berliner Rapper, der nur mit Mühe versteht, dass er nicht alles über jeden sagen darf, was er will.
Dagegen: Die Täter bekommen nur noch mehr Aufmerksamkeit für ihre Unverschämtheiten, am besten ignoriert man sie, dann wird das irgendwann langweilig. *Beispiel:* Das sieht man beispielhaft an meinem kleinen Bruder. Desto mehr Publikum er für seine Ausfälle hat, desto schlimmer verlaufen sie.

7 *Mögliche Verknüpfung von Argumenten und Beispielen (dafür):*
Digitale Zivilcourage ist problemlos durchführbar, **weil** eine Datenlöschung ein gut einsetzbares Mittel gegen Beleidigungen ist. **Dies zeigt sich zum Beispiel daran, dass** in vielen Foren sogenannte Emergency-Buttons („Beitrag melden") eingeführt wurden. Damit kann wirklich jeder anonym einen beleidigenden Beitrag melden, ohne selbst in Gefahr zu geraten. **Außerdem** erkennt man Beiträge durchaus, die nicht in Ordnung sind, **denn** das Recht, die eigene Meinung frei zu äußern, endet, wo die Würde eines anderen Menschen angegriffen oder verletzt wird. **Dies belegt eine Studie,** die besagt, dass Beleidigungen und Drohungen im Internet tatsächlich auch körperliche Folgen haben können: Viele Opfer leiden unter Schlafstörungen oder haben Panikattacken.

Seite 33

Eine Argumentationskette aufbauen

1 a + b *Es steht dir frei, in welcher Reihenfolge du deine Argumente anordnen möchtest. Auch kann es sehr unterschiedlich sein, welche Argument jemand für „sehr überzeugend" hält.*

Die Stellungnahme sprachlich gestalten

1 a *Mögliche Einleitung:*
Mit Interesse habe ich im Blog eure Kommentare über digitale Zivilcourage verfolgt. Das ist ein spannendes Thema, denn die Anzahl der Beleidigungen im Netz nimmt stetig zu. Angeblich hat bereits jeder dritte Jugendliche Erfahrungen mit Mobbing im Internet gemacht.

b *Mögliche Überleitung zum Hauptteil:*
Im Folgenden möchte ich deshalb zu der Frage Stellung nehmen, ob mehr digitale Zivilcourage notwendig ist und ob man nicht auch im Internet häufiger reagieren sollte, wenn andere Menschen beleidigt oder gekränkt werden.

Seite 34

2 a + b Gelungen ist Punkt A, nicht gelungen sind B und C.

c **Zunächst erscheint mir wichtig,** dass man andere Menschen unterstützt, **denn** jemand, der heftig beleidigt wird, schafft es oft nicht mehr, sich zu wehren und zu schützen. **Als Beleg lassen sich eigene Erfahrungen anführen:** Etwas Zuwendung zu bekommen und sich nicht allein zu fühlen, hilft oft schon aus der Schockstarre heraus. **Außerdem** verkriechen Opfer sich in sich selbst, wenn sie allein bleiben. **Bedenken sollte man zudem,** dass es im Internet besonders leichtfällt, jemanden bloßzustellen oder zu kränken, **weil** man ihm meist ja nicht persönlich begegnet. **Darum** sollte man den Moderatoren eines Forums die beleidigenden Kommentare zeitnah melden. **Ich selbst habe zum Beispiel** schon erlebt, dass das ganz gut klappt.
Besonders wichtig erscheint mir jedoch, dass diese Form der digital ausgeübten Gewalt gefährlich ist, da sie kann schnell zu einer realen Gefahr werden kann. **Untersuchungen zeigen zweifelsfrei,** dass sich Mobbing im Internet negativ auf den Gesundheitszustand der Opfer auswirken kann.

Seite 35

3 a + b A *Mögliches Gegenargument mit Widerlegung (dagegen):*
Es ist zwar nachvollziehbar, dass digitale Zivilcourage notwendig sei, weil sonst keiner helfe. So wird argumentiert, dass Eltern und Lehrer oftmals gar nicht wüssten, dass ihr Kind im Netz Anfeindungen und Beleidigungen ausgesetzt ist. **Aber ich möchte dagegenhalten, dass** es in vielen Internetforen Moderatoren gibt, die professionell gegen die Beleidigungen vorgehen und die Verfasser der beleidigenden Nachrichten sperren können.
B *Mögliches Gegenargument mit Widerlegung (dafür):*
Sicherlich kann man einwenden, dass Zivilcourage im Netz nicht ratsam ist, weil man schnell selbst zur Zielscheibe der Bedrohung werden kann. Dennoch denke ich, dass es unser aller Pflicht ist, anderen zu helfen und darauf aufmerksam zu machen, dass auch Beleidigungen im Internet nicht in Ordnung sind.

4 *Mögliche Schlussformulierungen (dafür):*
– **Aus diesen Gründen bin ich der Meinung, dass** digitale Zivilcourage immer wichtiger wird und ein notwendiges und wirksames Mittel gegen Beleidigungen im Internet darstellt.
– **Ich würde mir wünschen, dass** sich mehr Menschen auch im Internet gegen Anfeindungen und Beleidigungen, gegen Lügen und Diskriminierung einsetzen.

Seite 36

Überarbeiten: Einleitungen, Überleitungen und Verknüpfungen

1 a Der Kommentar tritt **gegen** digitale Zivilcourage ein.

b *Mögliche Überleitungen und Verknüpfungen:*
Mit Interesse habe ich verfolgt, dass ihr über digitale Zivilcourage diskutiert. Ich halte das für ein wichtiges Thema, **weil** ich manchmal das Gefühl habe, dass Beleidigungen im Netz zu einer Art Volkssport werden. **Im Folgenden** möchte ich deshalb zu der Frage Stellung nehmen, ob man eingreifen sollte, wenn jemand im Internet angefeindet oder abgewertet wird.
Meiner Meinung nach ist es nicht sinnvoll, auf Beleidigungen einzugehen. Ein Kommentar hilft nicht, **denn** ein Mensch, der andere anonym kränken will, macht das auch dann, wenn ich widerspreche. Das seht ihr **zum Beispiel** auch in diesem Schülerforum: Lest mal nach, was da über das Schulfest steht. **Sicherlich kann man einwenden,** dass ein Moderator im Forum diese Aufgabe übernehmen sollte, **jedoch** hat neulich ein solcher Moderator in einem Interview betont, dass sich viele dann geradezu herausgefordert fühlen, noch aggressivere Kommentare zu posten. …

2 *Möglicher Kommentar (für digitale Zivilcourage):*

(Einleitung) Mit Interesse habe ich gelesen, dass ihr über digitale Zivilcourage diskutiert. Das ist besonders spannend, weil ich in letzter Zeit das Gefühl habe, dass ich in Kommentarspalten nur noch Beleidigungen lese. Im Folgenden möchte auch ich deshalb zu der Frage Stellung nehmen, ob man denn tatsächlich eingreifen sollte, wenn jemand im Internet beleidigt, diskriminiert oder angefeindet wird.
(Hauptteil, 1. Argument) Meiner Meinung nach ist es sehr sinnvoll, auf die Beleidigungen zu reagieren und das Opfer mit einem Kommentar unterstützen zu wollen. Zunächst erscheint mir wichtig, dass man anderen Menschen beisteht, denn jemand, der heftig gekränkt wird, schafft es oft nicht mehr, sich selbst zu wehren und zu schützen. Als Beleg lassen sich eigene Erfahrungen anführen: Etwas Zuwendung zu bekommen und sich nicht allein zu fühlen, hilft oft schon aus der Schockstarre heraus. *(2. Argument)* Außerdem verkriechen Opfer sich in sich selbst, wenn sie allein bleiben. Bedenken sollte man zudem, dass es im Internet besonders leichtfällt, jemanden bloßzustellen oder zu kränken, weil man ihm meist ja nicht persönlich begegnet. Darum sollte man den Moderatoren eines Forums die beleidigenden Kommentare zeitnah melden. Ich selbst habe zum Beispiel schon erlebt, dass das ganz gut klappt. *(entkräftetes Gegenargument)* Es ist schon richtig, dass das Recht auf freie Meinungsäußerung gewahrt werden muss, auch im Internet. Jedoch darf nicht übersehen werden, dass Meinungsfreiheit da aufhört, wo ein anderer Mensch persönlich herabgesetzt werden soll, und dann auch noch aus der feigen Anonymität heraus. Wir alle können jeden Tag im Internet beobachten, wie dieses Recht missbraucht wird. *(3., besonders überzeugendes Argument am Schluss)* Besonders wichtig erscheint mir jedoch, dass diese Form der digital ausgeübten Gewalt gefährlich ist, da sie kann schnell zu einer realen Gefahr werden kann. Untersuchungen zeigen zweifelsfrei, dass sich Mobbing im Internet negativ auf den Gesundheitszustand der Opfer auswirken kann.
(Schluss) Ich würde mir wünschen, dass sich mehr Menschen auch im Internet gegen Anfeindungen und Beleidigungen, gegen Lügen und Diskriminierung einsetzen.

Richtig schreiben: Strategien und Regeln kennen

Seite 37

Fragebogen: Kann ich die Strategien und Regeln anwenden?

1 *Das könntest du geantwortet haben:*

zu 1.: a **Schwingen:** Ar gu men ta tion, wun der sa mer wei se, Mar zi pan

Verlängern: still – die Stil le, Begriff – die Be grif fe, Abgrund – ab grün dig

Zerlegen + verlängern: reg | los – re gen, Hand | werk – die Hän de, Zoll | beamter – die Zöl le

zu 2. **Großschreibung, Getrennt- und Zusammenschreibung:**
und Die deutsche Sprache hat einen Vorteil, der unbestritten ist und keiner anderen Sprache so umfangreich gewährt wird:
zu 3.: Deutsch ist lang und kann nach **belieben** immer längerwerden. Die **freiheit** des **wortzusammensetzens** steht zwar nicht im **grundgesetz,** wird aber von allen Bevölkerungsgruppen oft und gerne in **anspruch** genommen. Wie mit einem Lego Baukasten mühelos aus einem Krokodil ein Flamingo gebaut werden kann, so lässt sich jedes deutsche Wort mit einem anderen zusammen stecken, sogar mit einem ausländischen, da sind die deutschen Wörter total offen. Die Redewendungen, die dabei entstehen, sind zwar nicht unbedingt im **duden** zu finden, dafür aber werden sie sofort von allen verstanden. Der Nachteil ist: Als Ausländer lernt man diese Sprache nie aus. Der Vorteil: Man kann im **deutschen** zur Not alles mit einem Wort sagen.
Im Netz streiten sich die Internet nutzer oft darüber, was das längste deutsche Wort ist – sie streiten erfolglos. Denn jedes Mal, wenn einer einen Vorschlag macht, setzt ein anderer das Wort fort und so geht es immer weiter, bis das Wort nicht mehr ins Internet passt und aus dem Rechner heraus fällt. Dann heißt es Computerwortausfall – und basta.

zu 3.: Verbesserung: länger werden, Legobaukasten, zusammenstecken, Internetnutzer, herausfällt

Strategie: Schwingen

Seite 38

1 a fin den, der Mo ment, wun der bar, die Lam pe, ren nen, lau fen, die Pres se, gen au, die Kul tur, der La den

b Zutreffend ist Aussage **A.**

2 a–c Sta**b** – die Stä**b**e, Tra**b** – tra**b**en, Lan**d** – die Län**d**er, Ran**d** – die Rän**d**er, klu**g** – klü**g**er, Flu**g** – die Flü**g**e

d Alle Aussagen **A** bis **C** sind zutreffend.

3 a + b **schwache Verben:**
sie ra**nn**te – ren nen, er wu**ss**te – wis sen, sie le**b**te – le**b**en, er be**b**te – be**b**en, sie jag**t**e – ja**g**en

starke Verben:
er flo**g** – wir flo**g**en, er lo**g** – wir lo**g**en, es ga**b** – wir ga**b**en, sie stri**tt** – wir stri**t** ten,

sie schni**tt** – wir schni**t** ten ; es kni**ff** – wir kni**ff** en

c Zutreffend sind die Aussagen **A, B** und **C**. Nicht zutreffend ist Aussage **D.**

Strategie: Zerlegen

Seite 39

1 a Angekreuzt sollten die Wörter der **Reihe A** sein: Textilfasern, Tandemwalze, Banknotenprüfsensoren

b Mögliche Problemstellen beim Schreiben in den Wörtern der Reihe **B**:

Band | weber – die Bänder, die Gummi|rad|walze – Räder, das Gewinn | streben – gewin nen

c Zutreffend sind die Aussagen **A** und **C**. Nicht zutreffend ist Aussage **B.**

2 a–c Kunst|stoff|fasern – die Stoffe (zudem: drei f wegen der Wortzusammensetzung),

Verwendungs|beispiele (keine Problemstelle), Nylon|strümpfe (keine Problemstelle),

Seiden|produkte (keine Problemstelle, Einsatz|möglichkeiten – ein|set|zen (zz = tz geschrieben),

Fell|eigenschaften – die Felle, reiß|fest – rei|ßen, Heiß|luft|ballone – hei|ßer, Stoff|segmente – die Stoffe,

Faser|verbund|werk|stoffe – verbinden, Flug|zeug – fliegen, die Flugzeuge, Not|fall – die Fälle.

Fremdwörter richtig schreiben

Seite 40

1 Mokka, Theater, Phänomen, System, Apotheke, Trekking, Zyste, Phase

2 a–c **Wörter mit th:** Theater = Schauspielhaus, Apotheker= Beruf, Thermometer = Messgerät für Temperatur
Wörter mit ph: Metapher = sprachliches Bild (z. B. Taube = Frieden); Alphabet = anderes Wort für ABC;
Amphore = (griechische/römische) Gefäßform
Wörter mit y: Gymnasium = Schulform, Sylt = (nordfriesische) Nordseeinsel, Amaryllis = blühende Pflanze,
Symbol = Zeichen/Sinnbild, Thymian = Gewürzkraut
Wörter mit kk: Akku = Speichergerät für Energie (kurz für: Akkumulator), akkurat = genau, exakt,
Akkordeon = Musikinstrument/Schifferklavier, Akkusativ = 4. Fall, Brokkoli = Gemüse

			G	Y	M	N	A	S	I	U	M		S	
				M	E	T	A	P	H	E	R		Y	
A	K	K	U		A	K	K	U	R	A	T		L	
			A	P	O	T	H	E	K	E	R		T	
T	H	E	A	T	E	R								
			A	K	K	O	R	D	E	O	N		T	
		S	A	L	P	H	A	B	E	T			H	
		Y	T	H	E	R	M	O	M	E	T	E	R	Y
A	M	A	R	Y	L	L	I	S					M	
	B			A	M	P	H	O	R	E			I	
	O	A	K	K	U	S	A	T	I	V			A	
	L			B	R	O	K	K	O	L	I	N		

3 a ☒ die Phonetik ☒ der Delphin ☐ der Philodendron ☒ das Photo ☐ das Theater

☐ die Metapher ☒ die Spaghetti ☒ der Joghurt ☒ der Thunfisch

b die Phonetik – Fonetik, der Delphin – Delfin, das Photo – Foto, die Graphik – Grafik, die Spaghetti – Spagetti,
der Joghurt – Jogurt, der Thunfisch – Tunfisch

Doppelte Konsonanten

Seite 41

1 a + b die Betten, beten, die Bärte, die Hüte, die Schwämme, schwärmen

c Die erste (betonte) **Silbe ist offen:** beten, Hüte.
Die erste (betonte) **Silbe ist geschlossen** (Silbengrenze: zwei **gleiche Konsonanten**): Betten, Schwämme.
Die erste (betonte) **Silbe ist geschlossen** (Silbengrenze: zwei **verschiedene Konsonanten**): Bärte, schwärmen.

2 Fress|sack – fres|sen, Bett|tuch – Bet|ten, Roll|laden – rol|len, Kontroll|lampe – Kon|trol|le, Brenn|nessel – bren|nen,

Fell|länge – Fel|le, Schwimm|meister – schwim|men.

3 f: Pfeif|konzert, Pfeif|ton → pfeifen; ff: Schluss|pfiff → wir pfiffen
ß: Maß|schuhe → wir maßen; ss: Mess|ergebnis, Mess|station → messen

ß: Fraß|spuren → sie fraßen; ss: Fress|napf, Fress|korb → fressen
t: die Tret|mine → treten; Tritt|sicherheit, Fuß|tritt → du trittst

Nomen und Nominalisierungen erkennen

Seite 42

1 a + b A Ich liebe besonders die Karussells.
B Ich liebe (das) Karussellfahren. *(Artikel in Gedanken eingefügt = Nominalisierung)*
C Ich liebe moderne Karussells.
D Viele Karussells gehören für mich zu Jahrmärkten dazu.

2 Artikelprobe: In den Riesenrädern ist das Kreischen und das Schreien selten geworden.
Adjektivprobe: In modernen Riesenrädern ist lautes Kreischen und wildes Schreien selten geworden.
Zählprobe: In vielen Riesenrädern ist einiges Kreischen und viel Schreien selten geworden.

3 Früher waren Riesenräder etwas ganz **Besonderes.** Das **Aufbauen** lohnte nur auf großen Rummelplätzen. Gemütlich drehte ein Rad seine Runden mitten im Trubel. Oben konnte man weit **schauen,** nur das **Drehen** der Gondeln liebte nicht jeder Gast. Heute stehen Riesenräder in vielen Großstädten, weil man sich von ihnen ein **Ankurbeln** des Tourismus erhofft. Geschlossene Gondeln erlauben ungestörtes **Betrachten** der Umgebung. Nur **Einsteigen** ist aufregend, denn das Rad dreht weiter.

Seite 43

Tageszeiten und Wochentage richtig schreiben

1 a + b Wer morgens gern früh aufsteht, hat mehr vom Tag, denn man kann am frühen Morgen viel schaffen.

In der Frühe stört einen meistens keiner, weil viele den Morgen noch zur Nacht zählen und schlafen. Dafür gibt es nachts

aber auch viele Menschen, die wach sind und zum Beispiel arbeiten. Ich will des Nachts nicht gerne arbeiten, aber

morgen mache ich mal eine Ausnahme, und probiere, wie es ist, in der Nacht aufzubleiben.

2 Zutreffend sind die Aussagen A, B und C.

3 am Montag, nächsten Dienstag, freitags, jeden Sonntag, am Donnerstagabend

4 *Mögliche Zeitangaben:*
Das London Eye am Themseufer bietet aus 135 Meter Höhe eine tolle Aussicht. Kommt man früh am **Morgen/Vormittag,** liegt oft noch Nebel über dem Fluss. Etwas später am **Morgen/Vormittag** steht man in einer langen Schlange, was bis **zum Nachmittag/nachmittags/zum Abend/in den Abend/abends** nicht besser wird. Bucht man vorher im Internet, ist zu überlegen: Will man am **Morgen/Mittag/Nachmittag** gehen oder lieber **am späten Nachmittag/am Abend/abends?** Vielleicht wäre **die Nacht/nachts** auch eine gute Wahl, denn da verzaubern die Lichter der Großstadt.

Getrennt- und Zusammenschreibung

Seite 44

Zusammenschreibung: Zusammengesetzte Nomen

1 a + b Partyservice, Videospiele, Grillimbiss, Gartencenter, Muttersprache, Einzelteile, Stehcafé, Milchkaffee, Tasse Kaffee, Autowäsche, Kosmetikstudio, Kundenparkplatz

c Stehcafé, Milchkaffee, Bindestrich, Neonbuchstaben, Getränkekarte, Schaufenster

Seite 45

Getrenntschreibung: Wortgruppen mit Verben

1 a

Nomen und Verb	Verb und Verb	Verbindungen mit „sein"
Eis essen	laufen lernen	dabei sein
Schlittschuh laufen	rechnen können	gelassen sein
Muskeln trainieren	spazieren gehen	bereit sein
Handball spielen	fahren üben	fertig sein

2 Ein tolles Hobby ist auch (das) **Fußballspielen.** Es wird von sehr vielen Jugendlichen ausgeübt, wohingegen weniger das gefährlichere **Eishockey trainieren.** Wenn ich im Sommer mit dem Fahrrad fahre, denke ich oft ganz bald ans **Eisessen.** Wenn wir nach dem **Radfahren** ein leckeres **Eis essen,** bin ich glücklich.

Zeichensetzung

Seite 46

Die Kommasetzung bei Aufzählungen

1 a A An der Entwicklung von Brücken arbeitet der Mensch schon lange, weil er mit ihrer Hilfe Flüsse, Meerengen, Täler, Berge sowie Kontinente überwinden wollte und immer noch will.
B Er entwickelte einfache Holzbrücken, hohe Brücken auf Stelzen, schwindelerregende Hängebrücken, aber auch weitreichende Spannbrücken.

b 1 + B, 2 + A

2 a + b Der Bau von Brücken gilt als große Herausforderung für Verkehrsplaner, Konstrukteure und Ingenieure. Sie ermöglichten früher mit ihren gewagten Bauwerken eine günstige Führung von Wasserleitungen, eine Hindernisüberquerung für Fußgänger und direkte Verbindungen für den Handel. Mit den Baustoffen Holz, Stein und Ziegel waren den Erbauern Grenzen gesetzt, die durch moderne Materialien wie Beton, Stahl, Textilfasern und andere Verbundwerkstoffe erweitert werden. Brücken für direkte Straßenverbindungen, breite Autobahnen, klare Linienführung der Eisenbahn und günstige Streckenführung von Pipelines machen auch neue Konstruktionen nötig.
Galten früher die Brücken der Römer mit einer Spannweite von bis zu 36 Meter als großartige Bauwerke, so wirken sie angesichts der gigantischen modernen Brückenkonstruktionen bescheiden. Heute liefern sich Staaten wie China, die USA, Japan, die Schweiz und viele andere mehr einen Wettkampf um den Titel der größten Brücken. Dabei gibt es Kategorien wie die höchste Brücke, die längste Brücke, die längste Hängebrücke, die längste Bogenbrücke, die größte Brücke der Welt oder die höchste Brücke in Europa.
In China machen sich die Brücken untereinander Konkurrenz in der Hitliste der Brückenbaukunst, zum Beispiel in der Rangfolge der längsten über Wasser geführten Brücken: Die Meeresbrücke über die Hangzhou-Bucht verbindet die Städte Jiaxing und Ningbo, ist 36 Kilometer lang und hielt seit 2008 den Weltrekord. Den hat nun die Brücke Qingdao erobert. Sie ist mit ihren Autobahnausläufern 41,48 Kilometer lang, hat fast die Länge einer Marathonstrecke, führt 36,48 Kilometer über eine Meeresbucht und ist damit ca. 400 Meter länger als die vom ersten Platz verdrängte Brücke. Ihr Rekord soll aber nur bis 2016 halten. Da soll dann eine Brücke eröffnet werden, die die Städte Hongkong und Macao mit dem chinesischen Festland verbindet und 50 Kilometer über Wasser führt.

Seite 47

Das Komma in Satzreihen

1 A + 2 – B + 3 – C + 1 – D + 1

2 *Mögliche Satzreihen:*
A Die Folgen des Klimawandels machen Venedig Probleme, denn der Wasserpegel steigt(,) und das Hochwasser bedroht die alten Gebäude mehrfach im Jahr.
B Die Gebäude sind durch metertiefe Verankerungen im Boden gesichert, das war vor 1500 Jahren eine unvorstellbare Leistung der Baumeister. (Satzreihe ohne Konjunktion)
C Die Stadt hat in der Vergangenheit gut existieren können, aber heute gibt der Boden unter den Gebäuden nach, die Fundamente werden unterspült(,) und in den letzten 100 Jahren sank die Stadt 23 Zentimeter ab.

Seite 48

Das Komma in Satzgefügen

1 Die Niederlande haben, weil ihr Land zu einem großen Teil unter dem Meeresspiegel liegt, Probleme mit dem Schutz gegen Hochwasser. Lange wollten sie sich schützen, indem sie immer stärkere Deiche und Absperrungen errichteten. Weil das aber technisch kaum mehr zu machen ist, gehen sie andere Wege. Sie sind führend in einer Architektur, die ganze Stadtteile im Wasser errichten will.

2 a–c A + b: Weil der Meeresspiegel in den nächsten 100 Jahren um 1,30 Meter steigen wird, ist ein Drittel ihres Landes von Überflutung bedroht.
B + d: Der Druck des Wassers wächst, da auch die Flüsse wie der Rhein immer mehr Hochwasser mitbringen.
C + a: Wasserbauingenieure meinen, dass man das Problem nur durch Umdenken lösen kann.
D + e: Weil mehr Wasser mehr Platz braucht, muss es sich ausreichend ausbreiten dürfen.

E + c: Da der Mensch aber auch Raum braucht, errichtet man immer mehr auf dem Wasser schwimmenden Wohn- und Arbeitsraum.

3 *Mögliche Satzgefüge:*
Damit Häuser auf dem Meer schwimmen können, werden sie aus leichten Materialien gebaut.
Man baut mit neuartigen Materialien wie Stahlskeletten, weil diese weniger Material verbrauchen. Da Glas viel wiegt, werden die Fenster aus ultraleichter Spezialfolie gebaut. Die Fundamente sind aus Styropor und Beton, sodass sie leichter als Wasser sind und wie ein unsinkbarer Schwimmring wirken.

Seite 49

Das oder *dass?*

1 a–c
Das Flugzeug, **das** aus dem modernen Verkehr nicht wegzudenken ist, verursacht enorme Abgase. (A)

Das ist ein Problem, **das** in der Zukunft gelöst werden sollte. (A)

Forscher arbeiten daran, **dass** es in Zukunft sogar abgasfreie Flugzeuge geben wird. (B)

Sie wollen außerdem erreichen, **dass** die Flugzeuge der Zukunft raketenschnell unterwegs sein werden. (B)

Das Forschungsprojekt in Bremen, **das** es bereits seit Jahren gibt, (A) setzt darauf, **dass** der Raketenantrieb die Lösung bringen wird. (B)

Ein Flugzeug, **das** mit Raketenantrieb fliegt, startet wie ein Space Shuttle senkrecht und biegt dann in eine horizontale Lage ab, wenn die Raketentriebwerke abgebrannt sind. (A)

2 a + b
A + b: Ein raketenangetriebenes Flugzeug ist darauf angewiesen, **dass** es in 80 Kilometer Höhe fliegen darf, um langsamere Maschinen nicht zu gefährden.
B + d: In 90 Minuten von Europa nach Australien fliegen kann nur ein Flugzeug, **das** von Raketentechnik angetrieben ist.
C + a: Ein wirtschaftliches Problem des Raketenantriebs ergibt sich daraus, **dass** sich ein solches Spezialflugzeug nicht für kurze und mittlere Strecken eignet.
D + c: Kritiker klagen, **dass** derart schnelle Flugzeuge ungeheuer viel Lärm machen.

Seite 50

Die Kommasetzung in Infinitivsätzen

1 a–c A Forscher arbeiten immer an der Weiterentwicklung von Autos, um sie zukunftsfähig zu machen. (2)
  B Ihr Ziel ist es, ein für den Fahrer denkendes Auto zu entwickeln. (3)
  C Anstatt sich in Staus zu verfahren, soll das moderne Auto selbstständig die beste Route suchen. (2)
  D Noch sind die Fahrer gefordert, als Fahrzeugführer die Verantwortung zu tragen. (2)
  E In Zukunft kann man den Autopiloten bitten(,) sie zu übernehmen. (1)

2 a + b *Die umrahmten Wörter geben an, worauf sich die Infinitivsätze nach Regel 2 oder 3 beziehen:*

Forscher arbeiten daran, den Autopiloten serientauglich zu machen. Ziel ist es auch, Gesten des Fahrers zu verstehen.

Noch ist der Zeitpunkt nicht absehbar, zu dem es gelingen wird, den Fahrer komplett überflüssig zu machen. Aber es wird

bald möglich sein, ihm Teilaufgaben abzunehmen. Schon jetzt sind moderne Autos in der Lage, viele Dinge selbstständig zu

steuern. Mit dem Autopiloten kann man auf engstem Raum bequem einparken, anstatt selbst viel herumzukurbeln. Nur

wenige Autos fahren schon heute, ohne auf zumindest Unterstützung durch den Menschen am Steuer angewiesen zu sein.

Damit der Autopilot Gesten verstehen kann, wird es darauf ankommen, diese vollkommen eindeutig zu gestalten.

Schließlich ist er eine Maschine und nicht imstande, weitreichende Interpretationen menschlichen Verhaltens zu leisten.

Was bedeutet es, wenn der Fahrer sich über die Stirn streicht? Schwitzt er und wünscht darum, die Klimaanlage zu

verstellen? Oder denkt er an das, was später in der Firma zu erledigen ist? Wie kann es ein Bordcomputer schaffen, das alles

richtig einzuordnen? Viele Fragen, Antworten werden gesucht. Um zu verlässlichen Interpretationen zu kommen,

beobachten Innenraumkameras den Fahrer genauestens und berechnen sein voraussichtliches Verhalten. Das Auto lernt(,)

sogar(,) Absichten zu erkennen *(zwei Möglichkeiten)*. Es erkennt, ob der Fahrer in Kürze bremsen wird, und kann den

Bremsweg verkürzen.

Überarbeiten: Rechtschreibung und Zeichensetzung

Seite 51

1 a + b James Bond fährt im Film immer Autos, die mehr können als herkömmliche PKW. In dem Film „Der <u>Man</u> mit dem goldenen Colt" <u>kan</u> er in Gefahrensituationen auf ein Flugauto <u>zurück greifen</u>, um zu <u>Entkommen</u>. In keinem Science-Fiction-Roman <u>komt</u> ein „normales" Auto vor, sondern höchst futuristische <u>fortbewegungsmöglichkeiten</u>. Autos haben <u>Atom Reaktoren</u> an Bord, bewegen sich automatisch auf Schienen und können sogar <u>ab heben</u>. Wer träumt nicht <u>vom fliegen</u>, davon, nie wieder im Stau zu stecken?

↷	xX	Getrennt- und Zusammenschreibung
der Mann – die Männer	zu entkommen	zurückgreifen
kann – können	Fortbewegungsmöglichkeiten	Atomreaktoren
kommt – kommen	vom Fliegen	abheben

2 **Dass** Flugautos fahren und fliegen können, ist keine Utopie. Man kann verfolgen, **dass** an ihrer Entwicklung intensiv gearbeitet wird. Bereits Henry Fords legendäres Fahrzeug „Thin Lizzy", **das** Symbol für die Massenproduktion von Autos schlechthin, war ein real gewordener Zukunftstraum. Warum also nicht auch fliegen? Im Laufe der letzten 100 Jahre wurden 2200 Modelle entwickelt, **das** ist ein beachtlicher Erfolg. **Dass** 300 dieser Fahrzeuge ihre Flugtauglichkeit tatsächlich unter Beweis stellten, überrascht. Aber in Serie gehen diese Autos natürlich nicht. **Das** heißt aber nicht, **dass** Probleme nicht in Zukunft gelöst werden.

3 Was reizt uns daran, vom Fliegen zu träumen? Wir wären schneller, wendiger und unabhängiger, als wir es nun sind. Wenn Autos fliegen können, dann benötigt man keine Straßen mehr. Der Luftraum ist groß, es locken unendliche Weiten. Problematisch wäre es allerdings, den Verkehr im Luftraum zu regeln. Es würden unübersehbar viele Autos starten, sich fortbewegen, landen oder parken. Zu bedenken wäre auch, dass ein flugfähiges Fahrzeug sehr teuer wäre. Deshalb wird es wohl vorerst doch eine Fantasie bleiben, mit dem Flugauto zum Einkaufen zu fliegen.

Besser schreiben und verstehen: Grammatik

Seite 52

Fragebogen: Was weiß ich über Grammatik?

zu 1.–4.: *Die Regeln der Grammatik zu beherrschen hilft dir, sprachlich bessere Texte zu schreiben. Falls du richtig gut in Grammatik wirst, können sich sogar deine Noten in Klassenarbeiten verbessern.*

Gedankenexperimente – Konjunktiv II

Seite 53

2 *Mögliche Erklärung:*
Zeitreisen in die Zukunft sind theoretisch möglich, weil **die Zeit langsamer läuft, wenn man sich sehr schnell bewegt. Durch extreme Schnelligkeit könnte man demnach eine Zeit erreichen, die in der Zukunft liegt.**

3 <u>Könnte</u> es möglich sein, in die Vergangenheit oder in die Zukunft zu reisen? Diese Frage beschäftigt die Menschen schon lange. Heute glauben Physiker: Ja, in die Zukunft <u>könnte</u> man reisen. Eine Reise in die Vergangenheit <u>dürfte</u> allerdings nicht möglich sein.
Alfred Einsteins Relativitätstheorie, die er 1905 aufstellte, erklärt, dass die Zeit nicht gleichmäßig verläuft. Ihr Ablauf ist auch abhängig davon, wie schnell man sich bewegt. <u>Flöge</u> etwa ein Astronaut mit Lichtgeschwindigkeit zu einem fernen Stern, so <u>wäre</u> er nach seiner Rückkehr um Jahre jünger als sein Zwillingsbruder, der auf der Erde <u>bliebe</u>. Der Astronaut <u>wäre</u> in die Zukunft gereist, doch sein Bruder <u>wäre</u> dort schon angekommen.

4 Der Konjunktiv II wird in der Regel abgeleitet vom **Indikativ Präteritum.**
Beispiel: Indikativ Präteritum: er konnte → Konjunktiv II: **er könnte**

5 Theoretisch **könnten** wir also in die Zukunft fliegen, wenn wir sehr schnelle Raumschiffe **hätten.** Aus der Zukunft **kämen** wir aber niemals wieder in die Gegenwart zurück, denn eine Reise zurück in die Vergangenheit **wäre** ja ausgeschlossen.

Seite 54

Die würde-Ersatzform richtig nutzen

1 Aussage A fasst das Phänomen zusammen, das im Text erklärt wird.

2 Würde es die Möglichkeit einer Reise in die Vergangenheit geben, würde eine widersprüchliche Situation entstehen. Sagen wir, ein Reisender würde in der Vergangenheit seinen noch jungen Großvater besuchen und dieser würde beim gemeinsamen Fischessen an einer Gräte ersticken. Durch diesen unglücklichen Zufall würde der Reisende die Geburt seines eigenen Vaters verhindern und damit würde er auch seine eigene Geburt unmöglich machen. Widersinnig würde daran sein, dass der nicht geborene Reisende natürlich auch nicht in die Vergangenheit reisen können würde, um seinen Großvater zu besuchen.

3 Man verwendet die Ersatzform mit „würde", wenn der Konjunktiv II nicht vom **Indikativ Präteritum** zu unterscheiden ist.

4

würde-Ersatzform	Vergleich: Ind. Präteritum – Konjunktiv II		Richtig ist also:
es würde geben	es gab	≠ es gäbe	Konjunktiv II: es gäbe
es würde entstehen	es entstand	≠ es entstände/entstünde	Konjunktiv II: es entstände/entstünde
er würde besuchen	er besuchte	= er besuchte	würde-Form richtig
er würde ersticken	er erstickte	= er erstickte	würde-Form richtig
er würde verhindern	er verhinderte	= er verhinderte	würde-Form richtig
er würde machen	er machte	= er machte	würde-Form richtig
es würde sein	er war	≠ er wäre	Konjunktiv II: er wäre
er würde reisen können	er konnte reisen	≠ er könnte reisen	Konjunktiv II: er könnte reisen

Äußerungen wiedergeben: Konjunktiv I

Seite 55

2 *Mögliche Erklärung:*
Zeitreisen sind jetzt unmöglich, später aber vielleicht dann doch möglich, denn **in weiteren Jahrhunderten technischer Entwicklung kann sich noch vieles ergeben, was man sich heute nicht vorstellen kann.**

3 a + b

Michio Kaku meint, man <u>müsse</u> drei Kategorien von Unmöglichkeit unterscheiden. **Kategorie I** <u>umfasse</u> alle Dinge, die zwar heute unmöglich <u>seien</u>, aber in den nächsten Jahren möglich sein <u>könnten</u>. **Kategorie II** <u>beinhalte</u> alles, was noch Jahrhunderte technischer Entwicklung <u>brauche</u>. Zeitreisen <u>gehörten</u> zu dieser zweiten Kategorie. Eine Unmöglichkeit der **Kategorie III** <u>bleibe</u> dauerhaft unmöglich, weil sie gegen die Naturgesetze <u>verstoße</u>.	Michio Kaku sagt: „Man **muss** drei Kategorien von Unmöglichkeiten unterscheiden. Kategorie I **umfasst** alle Dinge, die zwar heute unmöglich **sind**, aber in den nächsten Jahren möglich werden **können**. Kategorie II **beinhaltet** alles, was noch Jahrhunderte technischer Entwicklung **braucht**. Zeitreisen **gehören** zu dieser zweiten Kategorie. Eine Unmöglichkeit der Kategorie III **bleibt** dauerhaft unmöglich, weil sie gegen die Naturgesetze **verstößt**."

4

Normalfall: Konjunktiv I – gebildet aus dem Indikativ Präsens	Konjunktiv I nicht vom Indikativ Präsens zu unterscheiden → auf Konjunktiv II ausweichen
Kategorie I umfasst – … umfasse, heute unmöglich sind – … seien, beinhaltet alles – beinhalte … Zeitreisen sind – … seien, … technischer Entwicklung braucht – … brauche, eine Unmöglichkeit … bleibt – … bleibe, sie verstößt – … verstoße	Zeitreisen gehören = Indikativ: gehören – also: gehörten

Seite 56

Textaussagen in indirekter Rede wiedergeben

2 Zeitmaschinen sind in **ungefähr 100 000** Jahren möglich.

3 Michio Kaku verweist auf seinen Kollegen Stephen Hawking, der viele Jahre vergeblich **versucht habe** zu beweisen, dass Zeitreisen unmöglich **seien**. Kaku selbst glaubt, dass eine weit fortgeschrittene Zivilisation Zeitreisen schaffen **könne**. Heute jedoch **reichten** die Ressourcen dafür nicht. An der Schwelle von der stellaren zur galaktischen Zivilisation **sei** die Menschheit vielleicht so weit, eine Zeitmaschine zu bauen. Heute **stünden** wir erst kurz vor dem Schritt in eine planetare Zivilisation. Wenn man davon **ausgehe**, dass unsere Zivilisation weiterhin so **wachse** wie bisher, dann **werde** sie in ungefähr 100 000 Jahren eine galaktische Zivilisation sein. Wenn also jemand an die Tür **klopfe** und sich als Urururururenkelin **ausgebe**, sollte man ihr nicht die Tür vor der Nase zuschlagen.

Seite 57

Andere Formen der Redewiedergabe nutzen

2 *Mögliche Erklärung:*
Einige unlösbare Widersprüche tauchen hier nicht auf, da nicht die Menschen selbst, sondern nur **Botschaften von ihnen** eine Zeitreise in die Vergangenheit antreten.

3 Ersatzformen sind B und C.

4

Zeitreisen durch Teilchenbeschleuniger?	Redewiedergabe durch ...		
	Konjunktiv	Ersatzform: dass + Indikativ	Umschreibung: ... zufolge + Indikativ
Im Forschungszentrum LHC in Genf werden winzige Teile eines Atoms (Protonen) aufeinandergeschossen. Man will herausfinden, ob sie sich vereinen. Einige Physiker glauben daran, <u>dass</u> der Teilchenbeschleuniger als Zeitmaschine <u>dienen kann</u>.	☐	X	☐
Sie glauben, beim Zusammenprall <u>könnten</u> neue Teilchen entstehen, mit denen man Botschaften auch in die Vergangenheit übermitteln <u>könne</u>.	X	☐	☐
	X	☐	☐
<u>Dem Physiker Thomas Weiler zufolge ist</u> diese Theorie zwar noch reine Fantasie, sie verstößt aber nicht gegen die Gesetze der Physik. Er merkt an, der Ansatz <u>vermeide</u> die unlösbaren Widersprüche, die	☐	☐	X
normalerweise mit Zeitreisen verbunden <u>seien</u>.	X	☐	☐
	X	☐	☐
Thomas Weiler betont, <u>dass</u> Zeitreisen im Teilchenbeschleuniger auf Botschaften <u>beschränkt sind</u> und	☐	X	☐
<u>dass</u> niemand zum Beispiel seine eigene Geburt in der Vergangenheit <u>verhindern kann.</u>	☐	X	☐

5 Ergänze jeweils die fehlenden Formen:

Indirekte Rede (Konjunktiv)	Ersatz: dass-Satz	Umschreibung mit ... zufolge
Thomas Weiler räumt ein, man müsse zum Beweis entsprechende Experimente entwickeln.	Thomas Weiler räumt ein, dass **man** zum Beweis entsprechende Experimente **entwickeln muss.**	**Thomas Weiler zufolge muss** man zum Beweis entsprechende Experimente entwickeln.

Seite 58

Redewiedergaben abwechslungsreich formulieren

2 In Text A wird durchgängig die Ersatzform **mit „zufolge"** bzw. **„nach"** zur Redewiedergabe genutzt.
In Text B wird durchgängig **die Ersatzform dass + Indikativ** zur Redewiedergabe genutzt.

3 Thomas Weiler erläutert, der Ansatz **vermeide** die unlösbaren Widersprüche, die normalerweise mit der Idee von Zeitreisen verbunden seien.
Thomas Weiler betont, die Zeitreisen **blieben** ja auf diese speziellen Botschaften **beschränkt.**

4 Dieter Lüst wendet ein, dass die Physik sich Zeitreisen in die Vergangenheit **nicht vorstellen könne.**
Dieter Lüst **zufolge** ergeben Thomas Weilers Arbeiten in der Physik keinen Sinn.

Modalverben richtig verwenden

Seite 59

1 US-Forscher **wollen** Zeitreisende per Netz entdecken
Einen Reisenden, der aus der Zukunft zu uns gereist ist, auf der Straße zu erkennen, **dürfte** schwierig sein. US-Forscher **wollen** nun andere Möglichkeiten nutzen, um Zeitreisende zu finden. Im Internet **könnte /müsste** die Existenz von Zeitreisenden daran erkennbar werden, dass jemand etwas schreibt, was er im Moment des Schreibens noch gar nicht wissen **kann.** So wurde der Komet ISON am 21. September 2012 entdeckt und benannt. Wenn also jemand vor diesem Datum in Suchmaschinen nach „Comet ISON" gesucht haben sollte, **muss** man annehmen, dass es sich um einen Zeitreisenden handelte.

Modalverb	Aussagewert	Beispiel
können	Fähigkeit/Möglichkeit	*Wir können Beweise finden.*
sollen	Empfehlung/Vorschrift	*Wir sollen Beweise finden.*
müssen	Gebot/Zwang	*Wir müssen Beweise finden.*
dürfen	Erlaubnis/Möglichkeit	*Wir dürfen nicht vergessen, dass ...*
wollen	Absicht/Bereitschaft	*Wir wollen sicher sein, dass ...*
mögen	Wunsch/Möglichkeit	*Wir möchten sie überzeugen.*

Grammatisch richtig schreiben

Seite 60

Subjekt und Prädikat aufeinander abstimmen

2 Modell 1: Zeitreisen durch **Mechanik**   Modell 2: Zeitreisen durch **Magie**

3 Die Idee von Zeitreisen ~~haben~~ **hat** die Literatur schon immer fasziniert.
 Begründung: Subjekt: „Die Idee" steht im Singular → Prädikat muss im Singular stehen.
In der literarischen Tradition ~~unterscheidet~~ **unterscheiden** sich die einzelnen Werke vor allem nach den Gesetzmäßigkeiten der Zeitreisen.
 Begründung: Subjekt: „die einzelnen Werke" ist Plural → Prädikat muss im Plural stehen
Orson Wells' Roman „Die Zeitmaschine" (1895) und Edith Nesbits „Psammead" (1902 ff.) ~~bildet~~ **bilden** den Anfang für zwei unterschiedliche Modelle: [...]
 Begründung: Orson Wells' Roman ... und Edith Nesbits „Psammead" sind zwei Subjekte → Prädikat muss im Plural stehen
Während Wells und seine Nachfolger auf eine beherrschbare Mechanik ~~setzt~~ **setzen,** [...]
 Begründung: Wells und seine Nachfolger sind mehrere Personen → Prädikat muss im Plural stehen
~~lassen~~ **lässt** ein großer Teil der anderen Autoren die Zeitreise auf Magie basieren.
 Begründung: Subjekt „ein großer Teil ..." steht im Singular → Prädikat muss im Singular stehen

4 In neuen Jugendbüchern **werden** die Vorstellung einer Zeitreise durch Mechanik und die Idee einer Zeitreise durch Magie verbunden. In Kerstin Giers Romanen „Rubinrot" und „Saphirblau" **tritt** die Heldin Gewendolyn Zeitreisen an. Magie und Zauberei **befähigen** sie zur Zeitreise. Gesteuert **werden** die Reisen aber durch einen „Chronografen". Durch dieses Gerät **lässt** sich der exakte Zeitpunkt bestimmen, an den der oder die Reisende gelangt.

Seite 61

Flüssig schreiben: Satzanschlüsse richtig verwenden

1 a + b In den 1960er-Jahren begeisterte eine Serie die Fernsehzuschauer, **in der** es um eine Forschungsanlage in der Wüste ging. **In dieser** wird an einer Zeitmaschine gearbeitet, mit **deren** Hilfe man in die Vergangenheit und die Zukunft reisen kann. **Als** dem Projekt wegen zu geringer Fortschritte die Förderung gestrichen werden soll, unternimmt der Wissenschaftler Tony Newman einen Selbstversuch und steigt in den Zeittunnel. **Deshalb** gerät er an Bord des bald sinkenden Schiffes Titanic. **Sobald** er von der folgenden Katastrophe erfährt, will er das Schiff so rasch wie möglich verlassen.

2 *Mögliche Antwort:*
Hätte man sich auf die Titanic bringen lassen, wäre man mit dem Ozeanriesen untergegangen.

3 *Mögliche Verknüpfungen bzw. Pronomen:*
Weil ein Kollege Tony durch den Zeittunnel zu Hilfe eilt, können beide die Titanic verlassen, **allerdings/jedoch** gelangen sie nicht in die Gegenwart, **sondern** in andere gefahrvolle Zeitperioden, in denen historische Ereignisse die Menschen in Gefahr bringen. **So/Beispielsweise** geraten die beiden ins Jahr 1812, in dem es einen Krieg zwischen den USA und Großbritannien gab. Von **dort** werden sie ins Frankreich des 18. Jahrhunderts geschickt.

Eine Klassenarbeit überarbeiten

Seite 62

1 *Mögliche Überarbeitung:*
Die **vorliegende** Reportage „Als Fan in die Vergangenheit reisen" von Sören Pastheim erschien am 12.2.2015 in der Bergischen Zeitung. **In diesem** Text wird ein Fanclub beschrieben, in **dem** sich Anhänger der Serie „Time Tunnel" zusammengefunden haben. In **ihrem** Vereinsheim in Hannover **treffen** sich der Vereinsvorstand und die Mitglieder **an jedem ersten** Samstag eines Monats, **um** eine Folge der Serie aus den 1960er-Jahren **zu schauen.** Die Besonderheit des Clubs besteht **darin,** dass die Club-

mitglieder die Zeitreise, **durch welche** die Serienhelden in der jeweiligen Folge in eine andere Epoche gelangen, selbst auch mitmachen, **indem** sie sich entsprechend verkleiden. Der Autor des Artikels lässt die Leser in die beschriebene Atmosphäre eintauchen, **indem** er zu Beginn seines Textes darstellt, **wie** an einem Samstag im Januar sämtliche Vereinsmitglieder im Stile englischer Seetouristen des Jahres 1912 angezogen sind, als sie die Time-Tunnel-Folgen sehen, die auf der Titanic spielen. Sören Pastheim scheint irritiert zu sein, **denn** er schreibt, es **bleibe** für Außenstehende ein Rätsel, wie erwachsene Menschen sich so mit einer Ferienserie identifizieren **könnten** (vgl. Z. 12 f.). **Allerdings** lässt er auch die Vereinsvorsitzende des Fanclubs zu Wort kommen, **die** die Faszination erklärt (vgl. Z. 14). Nicht in der Gegenwart gefangen zu sein, **sondern** in vergangene Zeiten zu reisen, **berge** für viele Menschen ein reizvolles Abenteuer, in das die Vereinsmitglieder in **ihrer** Fantasie **eintauchten**. **Das könne** man albern finden, **aber** jeder Beobachter erlebe, wie spannend es **sei**, sich gedanklich etwa ins Mittelalter zurückzuversetzen.

Obwohl diese Ausführungen in der Reportage mit einer gewissen Ironie dargestellt sind, schildert der Autor anschließend (Z. 34–40), was ihn selbst an einer Reise in die Zukunft interessieren würde. Man **könnte** dem Autor zufolge aus der Zukunft auf unsere Gegenwart zurückblicken und **würde** erkennen, **welche** Entwicklungen von heute sich in der Zukunft als problematisch **erwiesen**. So **hätte** man die Chance, aus der Zukunft für die Gegenwart zu lernen.

Gymnasium

Deutschbuch

Förderheft **8**

Lesetraining
Texte schreiben
Rechtschreibung
Grammatik

Herausgegeben von
Cordula Grunow und
Andrea Wagener

Erarbeitet von
Agnes Fulde, Michael Germann,
Anja kleine Kalvelage und
Frank Schneider

Name: _____

Klasse: _____

Cornelsen

Inhaltsverzeichnis

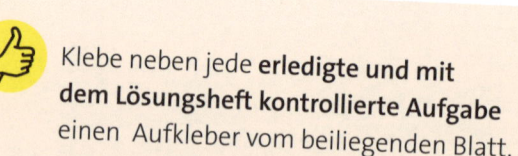

Klebe neben jede **erledigte und mit dem Lösungsheft kontrollierte Aufgabe** einen Aufkleber vom beiliegenden Blatt.

Texte lesen und verstehen

1 Welche Tricks helfen dir, einen Text besser zu verstehen?
Notiere sie im folgenden Fragebogen.

Welche Lesetricks wende ich an?   Fragebogen ?

1. So gewinne ich einen Überblick über den Inhalt des Textes:

_____

_____

2. So gehe ich beim ersten Lesen vor:

_____

_____

3. So erschließe ich Wörter oder Textstellen, die ich nicht sofort verstehe:

_____

_____

_____

4. So gehe ich vor, um den Text gut zu verstehen:

_____

_____

_____

5. So kann ich zeigen, dass ich den Text gut verstanden habe:

_____

_____

_____

Es ist sehr **wichtig**, dass du aus Texten und Grafiken **Informationen entnehmen** und diese festhalten kannst!

Mit den **Textknackern** auf den Seiten 4 bis 11 wirst du ein Leseprofi!

Textknacker für Sachtexte

 **Die Überschrift(en) und die Bilder nutzen, Fragen stellen**

> **Vorschlag für den nächsten Klassenausflug!!**
>
> Wir besuchen ein Spaßbad mit einer tollen Wasserrutsche.
> Ich suche die beste für uns aus. Einverstanden? Tom

1 Die Reportage rechts stellt Wasserrutschen vor.
Verschaffe dir einen <u>ersten Überblick</u> über den Text:
a Unterstreiche wichtige Informationen in der Überschrift
   und in den Bildunterschriften.
b Schau die Fotos zum Text an. Notiere, was sie zeigen.

c Fasse in einem Satz zusammen, worum es in der Reportage geht (<u>Thema</u>).

2 Welche Informationen erwartest du zu diesem Thema? Formuliere <u>W-Fragen</u> dazu aus.

Welche Rutschen gibt es? Wo

Was

3 a Lies den Text zügig durch und umkreise dabei dir <u>unbekannte Wörter</u>.
   b Markiere bei Aufgabe 2 die Fragen, zu denen der Text Informationen bietet.

4 Wie wirkt die Reportage nach dem ersten Überblick auf dich? Kreuze an.

A ☐ abenteuerlich   B ☐ informativ   C ☐ lehrreich

D ☐ unterhaltsam   E ☐ sehr sachlich   F ☐ interessant

5 Arbeite diese Checkliste zum Textknacker aus: Streiche falsche Angaben durch.

> ## 1. Textknacker: **Checkliste**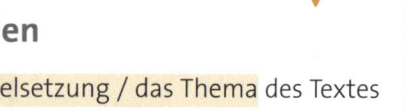
> ### Die Überschrift(en) und die Bilder nutzen, Fragen stellen
>
> Der Überschrift und den Bildern/Fotos kann ich erste Hinweise auf die Zielsetzung / das Thema des Textes
>
> entnehmen. Bevor ich den Text genau lese, überlege ich, welche Bücher / welche Fragen ich zum Thema
>
> habe. Nach dem ersten Lesen versuche ich, meine Fragen selbst / durch Lesen des Textes zu beantworten.

Reportage des Monats

Gut Ruuuuuutsch! – Die Wasserrutschentester

Von Anja Kalvelage

1

Heute bin ich mit Luca und Julian unterwegs, wir besuchen das Spaßbad *Aquana* in Würselen bei Aachen. Es ist wegen der einzigartigen Attraktion „Master Blaster" überregional bekannt, weil die Be-
5 sucher auch aus dem benachbarten Belgien und den Niederlanden kommen. Die Rutsche ist 110 Meter lang, wir rutschen auf einem Reifen. Die Ampel zeigt Grün: Los geht es! Die Rutschpartie, die zuerst sanft wie eine Schlittenfahrt anmutet, setzt bei leich-
10 tem Gefälle ein. Doch dann geht es bergauf! Und sofort wieder hinab! Immer schneller. Starke Wasserdüsen machen es möglich, dreimal. Mein Magen rebelliert, blanke Panik steigt auf. Doch es gibt kein Zurück, jetzt geht es nach draußen. Ich werde in der
15 Röhre hin und her geschleudert. Um mich herum glückliches Kreischen! Ich fühle mich wie eine Gummiente. Plötzlich werde ich in meinem Ring weit hinaus in den Wildwasserkanal geschleudert. Ein tolles Gefühl, das mich alle Angst vergessen lässt. Auch
20 Luca und Julian entdecke ich hier bald wieder. Wahnsinn: Wasserdruck und Fließgeschwindigkeit sorgen für echtes Rafting-Feeling. Julian und Luca kommen seit Jahren immer wieder hierher. „So stelle ich mir eine Floßfahrt im Grand Canyon vor!", grinst Luca.

2

25 700 Rutschen in über 250 Bädern: So viele Rutschen testeten die Brüder Luca und Julian aus Essen in Deutschland und dem benachbarten Ausland. Und das sind noch lange nicht alle. Ziel der Brüder ist es, eines Tages alle Rutschen Deutschlands getestet und
30 gefilmt zu haben. Besonders in den neuen Bundes-

Die erste Wasserkanone der Welt steht in Oldenburg.

ländern fehlen ihnen aber noch einige Anlagen. Ihre Erfahrungen stellen Luca und Julian ausführlich auf ihrer Website *tuberides.de* vor. Dort sind Testberichte und Videos zu 254 Bädern mit Rutschen zu finden. Weil die Brüder Schulnoten vergeben, ist ihr 35 Bewertungssystem leicht zu verstehen. Etwas freut Luca und Julian besonders: Die getesteten Bäder gewährten ihnen freien Eintritt und öffneten ihnen teilweise sogar außerhalb der regulären Öffnungszeiten ihre Türen. Oft werden die Brüder nach ihren 40 Lieblingsrutschen gefragt. „Das können wir so gar nicht sagen", betont Luca, „es gibt ja ständig was Neues! Wir beschränken uns lieber darauf, euch die Top Ten der extremsten Rutschen vorzustellen." Ernsthaft verletzt haben sich die beiden Jungen bei 45 ihren Recherchen noch nie, obwohl blaue Flecken durch die hohen Geschwindigkeiten oder das Ausrutschen auf nassen Schwimmbadböden natürlich nicht ausbleiben.

Inzwischen gibt es so viele verschiedene Typen von 50 Rutschen, dass es schwerfällt, den Überblick darüber zu bewahren. Luca und Julian entwickelten dafür eine Art Lexikon. Sie erklären auf der Homepage, dass es kaum ein Rutschenkonzept gebe, welches noch nicht realisiert worden sei. Was auch immer 55 man sich an Neuerungen ausmale, es wurde irgendwo schon gebaut.

Die Spaßbäder sind, ähnlich wie Freizeitparks, auf immer neue, immer noch phänomenalere Attraktionen angewiesen. Die Entwicklung verlief besonders in den letzten zehn Jahren sehr rasant. Eine der spektakulärsten Innovationen findet man im Freibad am *Flötenteich* in Oldenburg und im *Area 47* im österreichischen Ötztal. Sie heißt „Cannonball" und ähnelt weniger einer Rutsche als vielmehr einer überdimensionalen Pfeife. 1500 Liter Wasser mit einem Druck von 1,2 Bar[1] schleudern den Rutschenden etwa acht Meter weit ins Schwimmbecken. Man fühlt sich dabei wie ein Spielball der Wassermassen.

Auch in Sachen Höhe und Geschwindigkeit hat sich in den letzten Jahren viel getan. So genannte Turborutschen zeichnen sich durch extrem hohe Geschwindigkeiten von bis zu 70 Stundenkilometer aus. Diese sind im Durchmesser deutlich schlanker als herkömmliche Röhrenrutschen und meist recht kurz, aber ungewöhnlich hoch, um ein starkes Gefälle zu erzielen. Die höchste Turborutsche Europas steht in Lazise am Gardasee. Sie beginnt auf einem 32 Meter hohen Turm und ist bis zu 75 Grad steil.

Bei derartigen Anlagen rüsten immer mehr Bäder Zeitmessanlagen nach. Mittels zweier Lichtschranken wird die exakte Rutschzeit ermittelt. So lassen sich regelrechte Wettbewerbe für Tages- und Jahresbestzeiten zwischen den Badegästen austragen.

Gleich zwei Bäder in Nordrhein-Westfalen wurden von Luca und Julian mit der Bestnote „sehr gut" bewertet: Das *AquaMagis* in Plettenberg und das *Aquana* in Würselen. Das kleine und beschauliche Städtchen Plettenberg liegt im Sauerland. Nicht gerade der Nabel der Welt, möchte man meinen, doch gerade für Rutschenfans ist diese Stadt dank des Freizeitbads *AquaMagis* die Metropole schlechthin. Im Jahr 2008 wurde das Bad mit Deutschlands erster Loopingrutsche ausgestattet. Im Sommer 2012 legte es allerdings mit einem umfangreichen Umbauprojekt noch einen drauf. Viele weitere Attraktionen, darunter einige aufsehenerregende Rutschen, kamen hinzu. Diese tragen so klangvolle Namen wie „Captain's Canyon", „Black Hole" oder „Green Kick". Am meisten interessiert Julian und Luca jedoch die 2008 erbaute Loopingrutsche. Sie ist 80 Meter lang und 12 Meter hoch. Da in dieser Turborutsche extreme Geschwindigkeiten erreicht werden, darf sie erst ab 14 Jahren benutzt werden.

„Im Aqualooping kommt richtiges Achterbahnfeeling auf", berichtet Rutschentester Julian. In anderen Loopingrutschen erfolgt der Start durch eine Falltür. Da sieht man meist vorher nicht, wie tief es im nahezu freien Fall dann wirklich hinabgeht. Hier ist das anders. „Selbst für mich als erfahrenen Rutschentester ist es richtig furchteinflößend zu sehen, dass ich erst einmal fast zwölf Meter fallen muss", sagt er, „das ist doch, als würde man von einem vierstöckigen Wohnhaus springen! Vollkommen irre! Und ganz sicher nichts für Angsthasen!"

Area 47 im Ötztal, Österreich, Cannonball

Angst vor langweiligen oder verregneten Sonntagen kennen Luca und Julian schon lange nicht mehr: Sie rutschen im Zweifel. Schnell und immer schneller ...

---

1 Bar: in der Physik und Technik eine Einheit für den Druck von Gasen und Flüssigkeiten.

Quelle: Neues am Buschweg, Heft 2/20XX
(Schülerzeitung des Helmholtz-Gymnasiums, Nathradt)

 Schwierige Wörter und Sätze verstehen

Methode 1: Prüfe, ob du den Sinn **ohne das Wort** verstehst, z. B. *reguläre Öffnungszeiten*.
Methode 2: Erschließe die Bedeutung **aus dem Zusammenhang** heraus, z. B.: *„normale" (?) Öffnungszeiten*.
Methode 3: Schlage die Bedeutung **nach**, z. B.: *regulär = der Regel gemäß, vorschriftsmäßig*.

1 Du hast beim Lesen dir unbekannte Wörter umkreist (▶ Seite 4, Aufgabe 3 a).
  a Kläre für die folgenden Wörter ihre Bedeutung und gib die Ziffer der Methode an, die dir geholfen hat.
  b Falls du weitere Wörter umkreist hast, kläre ihre Bedeutung und notiere sie im Heft.

Attraktion (Zeile 3): _____ ☐   exakte (Zeile 82): _____ ☐

Innovationen (Zeile 62): _____ ☐   überdimensionalen (Zeile 66): _____ ☐

2 Erschließe die Bedeutung der hervorgehobenen Wörter aus dem Zusammenhang: Lies noch einmal im Text nach und notiere Umschreibungen des Wortes.

  A Die Spaßbäder sind, […], auf immer neue, immer noch **phänomenalere** Attraktionen angewiesen.

  _____

  B Die Entwicklung verlief besonders in den letzten zehn Jahren sehr **rasant.**

  _____

  C Eine der **spektakulärsten** Innovationen findet man im Freibad am Flötenteich […].

  _____

  _____

Pronomen (z. B. *er, ihnen, diese, jenes, seine*) oder **Adverbien** (z. B. *dort, hier, dann*) können in einem Satz **Nomen vertreten.** Sie beziehen sich dann auf einen vorhergehenden oder nachfolgenden Satz, z. B.:
Inzwischen gibt es so viele verschiedene Typen von Rutschen, dass es schwerfällt, den Überblick zu bewahren.

Luca und Julian haben dafür eine Art Lexikon entwickelt.
Wenn du beim Lesen unsicher bist, was mit einem Pronomen oder Adverb gemeint ist, schau dir den vorhergehenden oder den nachfolgenden Satz an und **kläre das Bezugswort/die Bezugswörter.**

3 Im folgenden Textauszug (Zeile 32 bis 40) sind einige Pronomen oder Adverbien eingerahmt.
  Kläre für jedes, worauf es sich bezieht, und notiere das Bezugswort/die Bezugswörter.

Ihre Erfahrungen stellen Luca und Julian ausführlich auf ihrer Website *tuberides.de* vor.

Dort (_____) sind Testberichte und Videos zu 254 Bädern mit Rutschen

zu finden. Ihr Bewertungssystem ist einfach, sie (_____) vergeben Schulnoten.

Etwas (_____) freut Luca und Julian besonders: Die getesteten Bäder

gewähren ihnen (_____) freien Eintritt und öffnen ihnen (_____)

teilweise sogar außerhalb der regulären Öffnungszeiten ihre (_____) Türen.

4 Erkläre für die folgenden Sätze, worauf sich die unterstrichenen Adverbien beziehen.

Inzwischen gibt es so viele verschiedene Typen von Rutschen, dass es schwerfällt, den Überblick <u>darüber</u>

zu bewahren. Luca und Julian entwickelten <u>dafür</u> eine Art Lexikon.

Erklärung: *Das Adverb „darüber" bezieht sich auf* _____

_____

Verschachtelte Satzgefüge sind manchmal schwer zu verstehen.
Lies solche Sätze zweimal und unterstreiche beim zweiten Lesen den **Hauptsatz.**
Der Hauptsatz enthält die wichtigste(n) Information(en). So erkennst du ihn:

	Hauptsatz (Hs)	Nebensatz (Ns)
Personalform des Verbs (gebeugtes Verb)	zweite Satzgliedstelle	am Schluss

Das „Aquana" |ist| überregional bekannt, weil es ein außergewöhnliches Angebot |bereithält|.
Der **Nebensatz ergänzt** die **Informationen** aus dem Hauptsatz.
Ein Nebensatz kann **vor oder nach** dem Hauptsatz stehen **oder eingeschoben** sein.

---

5 Unterstreiche in den folgenden Satzgefügen den Hauptsatz und schreibe ihn ohne den Nebensatz auf.

A Die Rutschpartie, die zuerst sanft wie eine Schlittenfahrt anmutet, setzt bei leichtem Gefälle ein.

_____

B Ernsthaft verletzt haben sich die beiden Jungen bei ihren Recherchen noch nie, obwohl blaue Flecken

durch die hohen Geschwindigkeiten oder das Ausrutschen auf nassen Schwimmbadböden natürlich

nicht ausbleiben.

_____

C Weil die Brüder Schulnoten vergeben, ist ihr Bewertungssystem leicht zu verstehen.

_____

6 Arbeite diese Checkliste zum Textknacker aus: Streiche falsche Angaben durch.

2. Textknacker:
Schwierige Wörter und Sätze verstehen

Checkliste

Viele schwierige Wörter verstehe ich durch Raten / aus dem Textzusammenhang heraus.

Manchmal muss ich ihre Bedeutung weglassen / nachschlagen.

Unklare Bezüge zwischen Sätzen kläre ich, indem ich für ein Pronomen oder Adverb

das Bezugswort / die passende Konjunktion suche.

Verschachtelte Satzgefüge verstehe ich besser, wenn ich den Hauptsatz / den Nebensatz unterstreiche,

weil er die nebensächlichen / wichtigen Informationen enthält.

 ## Schlüsselwörter und Sinnabschnitte markieren

1 a **Lies** den Text „Gut Ruuuuuutsch! – Die Wasserrutschentester" (Seite 5 bis 6) ein zweites Mal **genau**.

b Notiere zwei weitere **Fragen**, zu denen er Informationen enthält.

c Notiere die Nummer der Frage dort neben dem Text,
wo dieser Antworten darauf gibt.

> **Sachtexte informieren** über wirkliche (reale) Ereignisse und Vorgänge. **Eigene Fragen** helfen dir, die Informationen zu erschließen, die der Text bereithält.

1. Was erlebt die Autorin im „Master Blaster"?

2. Wer sind Julian und Luca? Was machen sie?

3. Welche Informationen findet man auf ihrer Website?

_4._

_5._

2 Markiere im Text **Schlüsselwörter**,
die Informationen zu deinen Fragen von Aufgabe 1 (Seite 7) geben.
Tipp: Die Schlüsselwörter zu Frage 1 sind bereits markiert.

> **Schlüsselwörter** sind die wichtigen Wörter in einem Satz oder Textabschnitt. Häufig sind es **Nomen**. In der Nähe von Schlüsselwörtern findest du oft **wichtige Informationen**.

3 Der Text (Seite 5 bis 6) ist bereits in **Sinnabschnitte** gegliedert.
Wähle für jeden Sinnabschnitt eine (Zwischen-)Überschrift aus, die
seinen Inhalt knapp wiedergibt.
Trage sie auf den Seiten 5 und 6 in der Schreibzeile über diesem Sinnabschnitt ein.

Vorgestellt: Arten von Wasserrutschen

Wasserrutschen mit der Note „sehr gut"

Die Website der Wasserrutschentester

Erlebnis: Wildwasserfahrt mit Looping

4 Arbeite diese Checkliste zum Textknacker aus: Streiche falsche Angaben durch.

3. Textknacker:
Schlüsselwörter und Sinnabschnitte markieren

Checkliste

Sinnvoll markierte Schlüsselwörter helfen mir, nur die wichtigen / unwichtigen Informationen zu finden.

Mit Sinnabschnitten kann ich einen Text entwirren / übersichtlich gliedern.

(Zwischen-)Überschriften geben den Inhalt eines Abschnitts knapp / ausführlich wieder.

 # Informationen übersichtlich festhalten

Eine Reportage informiert besonders anschaulich und lebendig über ein Ereignis. Der Reporter/die Reporterin schreibt über ein Geschehen, das er/sie als Augenzeuge selbst miterlebt hat, und gibt Informationen über einen bestimmten Sachverhalt. **Merkmale einer Reportage sind:**
- **szenischer Einstieg,** anschauliche Schilderung der Situation und persönlicher Wahrnehmungen,
- **bildhafte Sprache** (ausdrucksstarke Verben und Adjektive, sprachliche Bilder), **wörtliche Zitate** von Beteiligten,
- **sachliche Informationen** (Beantwortung der W-Fragen), zusätzlich Eindrücke und persönliche Sichtweise der Verfasserin/des Verfassers,
- **wechselnde Zeitformen:** Verwendung von Präsens und Perfekt, um dem Leser den Eindruck zu vermitteln, er sei vor Ort dabei; informierende/sachlich berichtende Teststellen im Präteritum.

1 Unterstreiche Textstellen, die der anschaulichen und lebendigen Schilderung dienen:
a persönliche Wahrnehmungen der Autorin blau.
b wörtliche Zitate von Beteiligten grün.

> **Vorschlag für den nächsten Klassenausflug!!**
> Wir besuchen ein Spaßbad mit einer tollen Wasserrutsche.
> Ich suche die beste für uns aus. Einverstanden? Tom

2 In einer Tabelle kannst du Informationen übersichtlich wiedergeben.
Bereite ein Handout über die beiden interessantesten Wasserrutschen in Nordrhein-Westfalen vor: Arbeite die Tabelle aus, notiere Stichworte.

Name	AquaMagis: Aqualooping	
Länge		
Höhe		-
Art zu rutschen	*in Badekleidung auf dem Hosenboden*	*auf einem Reifen sitzend*
Besonderheiten		

3 Arbeite diese Checkliste zum Textknacker aus: Streiche falsche Angaben durch.

4. Textknacker:
Checkliste
Informationen übersichtlich festhalten

Sachliche Informationen lassen sich ausführlich / knapp und übersichtlich in einer Tabelle darstellen.

Einen Sachtext zusammenfassen

Lege einen **Schreibplan** an:
- Nenne in der **Einleitung** den Titel, den Namen des Autors, die Textsorte, die Quelle und das Thema.
- Fasse im **Hauptteil** die wichtigsten Informationen kurz, sachlich und mit eigenen Worten zusammen. Gib wörtliche Äußerungen in indirekter Rede wieder, falls sie für den sachlichen Zusammenhang wichtig sind. Informationen zum Formulieren der indirekten Rede: ▶ Seite 55–58.

Schreibe im **Präsens** (Vergangenes/Vorzeitiges im Perfekt).

1 Tom will die Reportage (Seite 5 bis 6) für seine Klasse zusammenfassen, um die Wahl einer Wasserrutsche für den Klassenausflug vorzubereiten. In seiner Einleitung fehlen Informationen:

a Lies seine Einleitung und schreibe unten auf, was ergänzt werden muss.

b Schreibe eine verbesserte Einleitung ins Heft.

Die Reportage von Anja Kalvelage stellt Luca und Julian aus Essen vor, die Wasserrutschen testen und das Ergebnis auf ihrer Website „tuberides.de" vorstellen.

Das fehlt in der Einleitung: _____

2 a Überprüfe Toms Zusammenfassung mit Hilfe der Checkliste unten. Notiere dort, was er verbessern muss.

b Hilf ihm bei der Überarbeitung. Gehe so vor:

Schritt 1: Streiche alle Textstellen, die nicht sachlich sind.

Schritt 2: Unterstreiche alle wörtlichen Zitate.

Schritt 3: Markiere Personalformen, die im falschen Tempus stehen.

c Schreibe die verbesserte Zusammenfassung in dein Heft.

Luca und Julian sind zwei echt coole Typen. Sie sind Brüder und ihr Hobby ist es, in ganz Deutschland und einigen Nachbarländern Spaßbäder mit Wasserrutschen auszuprobieren. Die Autorin rutschte die „Master Blaster" im Aquana in Würselen mit ihnen hinunter und hatte ziemlich viel Angst dabei, weil das eine wirklich coole Rutsche mit Highspeed war. Julian sagte danach: „So stelle ich mir eine Fahrt im Grand Canyon vor!" Auf ihrer Website stellen die Brüder noch ganz viele andere Rutschen vor. In einem Lexikon erklären sie, welche unterschiedlichen Arten von Wasserrutschen es gibt, zum Beispiel die „Cannonball". Die ist superklasse! Stellt euch das mal vor: Diese Rutsche jagt euch mit Wasserdruck acht Meter weit übers Wasserbecken. Ganz hier in der Nähe, im Sauerland, gibt es ein Spaßbad namens AquaMagis. Da steht auch ein echter Hammer: eine Loopingrutsche.

Eine Textzusammenfassung überarbeiten

Checkliste

Das ist Tom gelungen. Er hat ...

Das muss Tom so verbessern: ...

- in der Einleitung den **Titel**, den Namen **der Autorin/ des Autors**, die **Textsorte**, die **Quelle** und das **Thema** des Textes genannt?

- im Hauptteil **alle wichtigen Informationen** erfasst?

- **knapp** geschrieben, ohne Überflüssiges und Wiederholungen?

- **sachlich** und ohne persönliche Wertungen geschrieben?

- Informationen **mit eigenen Worten** wiedergegeben, nichts abgeschrieben?

- das **Präsens** verwendet (bei Vorzeitigkeit das Perfekt)?

- **Rechtschreibung** und **Zeichensetzung** überprüft?

Einen erzählenden Text untersuchen

1 Wende den 1. Textknacker von Seite 4 an: Kläre vor dem ersten Lesen, worum es in der folgenden Kurzgeschichte gehen könnte. Schreibe deine Vermutung auf.

In der Kurzgeschichte geht es um

2 Lies die Kurzgeschichte.

Irmela Brender

Caroline, über Wiesen laufend (1988)

Für ein Mädchen, das noch nie einen Freund gehabt hatte, war Joschi so etwas wie ein Wunder. Joschi sah gut aus, Joschi war lustig, Joschi war freundlich, Joschi spielte Gitarre, Joschi unterhielt alle, Joschi
5 hatte ein Motorrad – und vor allem: Joschi mochte Caroline.

Caroline sah das Bild: Caroline, über Wiesen laufend, dahinter Joschi, der nach ihrer Hand griff. Nein, dieses Bild hatte es noch nicht gegeben mit
10 Joschi und ihr, aber sie würde es noch erleben. Vielleicht heute noch, auf diesem Ausflug. Zehn Kilometer Landstraße, das schaffte das Motorrad in etwa fünfzehn Minuten, dann waren sie am Ziel, trafen die anderen zum Picknick und ... Aber das Motorrad
15 bockte und riss Caroline unsanft aus ihren Träumen, Joschi bremste und hielt.

„Ist was?", fragte Caroline.

„Klar ist was. Aber was? Verdammter Ofen!" Joschi stieg ab und hockte sich vor das Motorrad.
20 „Du wirst es schon wieder reparieren", sagte Caroline. „Du musst ins nächste Dorf und jemand holen. Benzin ist noch drin, also weiß ich nicht, was los ist. Los, Caroline, geh schon."

„Es sind noch zehn Kilometer", sagte Caroline und pflückte ein paar Blumen.
25
„Nicht laufen – trampen", sagte Joschi.

„Autostopp?", fragte Caroline ungläubig.

„Na klar."

„Das darf ich nicht", sagte Caroline. Autostopp gehörte zu den wenigen Dingen, die ihr von zu Hause
30 aus verboten waren.

„Autostopp mache ich nie im Leben."

Joschi hob den Kopf. Er war rot im Gesicht. Er sah nicht mehr so gut aus.

„Ich mache keinen Autostopp", sagte Caroline nicht
35 unfreundlich, aber bestimmt.

„Okay, dann musst du dich eben hier neben das Motorrad setzen und warten, bis ich zurückkomme."

„Du willst mich hier allein sitzen lassen?" „Na klar, einer muss bei der Maschine bleiben." Caroline er-
40 klärte ihm freundlich und sachlich, wie man es tun musste: Es war zu gefährlich, wenn sie hier allein sitzen blieb. Trampen kam nicht in Frage. Es blieb nichts anderes übrig, als dass sie zu zweit die zehn Kilometer bis zu den anderen liefen, und das Motor-
45 rad blieb dann eben allein.

„Was ist wichtiger: das Motorrad oder ich?"

Sein Gesicht war jetzt noch röter: „Du meinst das ernst?"

50 „Natürlich", sagte Caroline lächelnd und hielt ihm die Blumen hin.

„Sind sie nicht hübsch?"

Joschi drehte sich um und ging die Landstraße entlang. Caroline hatte noch nicht ganz verstanden, was

55 geschah, da war Joschi schon zweihundert Meter entfernt, ein Auto hielt neben ihm, Joschi stieg ein.

„Joschi!", rief Caroline hinter dem Auto her. „Joschi! Du kannst doch nicht – ich habe dir doch erklärt – Joschi!"

60 Das Auto war schon nicht mehr zu sehen.

Caroline fing an zu weinen. Sie hatte kein Taschentuch dabei. Sie fuhr sich mit der Hand übers Gesicht und sah hoch. Blöde Ziege, von wegen! Verdammtes Motorrad!

Sie würde – o nein, sie würde nicht! Während sie den 65 Picknickkorb vom Gepäckträger band, sah sie Bilder vor sich von Dingen, die mit Mädchen passierten, wenn sie allein am Landstraßenrand saßen und warteten, bis ein Auto kam und hielt und Caroline lief. Sie weinte immer noch, und die Nase rann ihr, und 70 sie musste den Picknickkorb abwechselnd in die rechte und in die linke Hand nehmen. Und so lief Caroline über die Wiesen.

3 Kreuze für jede der folgenden Aussagen an, ob sie zutrifft oder nicht.

	trifft zu	trifft nicht zu
A Caroline und Joschi laufen zu Beginn der Geschichte gemeinsam über eine Wiese.	☐	☐
B Caroline und Joschi sind auf dem Weg zu einem Picknick mit Freunden.	☐	☐
C Das Motorrad bleibt liegen, weil der Tank leer ist.	☐	☐
D Joschi nennt sein Motorrad „Ofen".	☐	☐
E Caroline ist es verboten, per Anhalter zu fahren.	☐	☐
F Ein Auto nimmt Caroline mit ins nächste Dorf.	☐	☐

4 Schreibe auf: Was ist das Thema des Textes? Worum geht es? Kreuze an:

A ☐ Es geht um eine Motorradpanne auf einer Landstraße im Grünen. Der Junge kann das Motorrad nicht reparieren und lässt das Mädchen allein, um Hilfe zu holen.

B ☐ Es geht um die Beziehung zwischen Caroline und Joschi. Caroline ist in Joschi verliebt und erträumt sich einiges. Joschi weiß davon aber nichts und erwidert ihre Gefühle auch nicht. Die beiden reden und handeln aneinander vorbei.

C ☐ Es geht um die erste Liebe von Caroline und einen romantischen Ausflug zum Picknick mit Freunden im Grünen.

Die Handlung erschließen

Prüfe, wie die Handlung aufgebaut ist:
— **Wo** und **wann** spielt die Geschichte?
— **Wer** ist am Geschehen beteiligt? Welche Figuren kommen vor?
— **Was** geschieht? (Abfolge der Handlungsschritte darstellen)
— Sind **Ausgangssituation** und **Schluss** offen oder geschlossen gestaltet?
— Gibt es einen Höhe- oder **Wendepunkt** (Pointe)? Wird Spannung erzeugt?

 **1** Beantworte für die Kurzgeschichte von Irmela Brender die W-Fragen.

Wo und **wann** spielt die Geschichte? *Die Handlung findet tagsüber auf einer Landstraße in ländlicher Umgebung statt. Es werden dazu keine genaueren Angaben gemacht.*

Wer ist am Geschehen beteiligt? _____

 **2** **a** Was geschieht? Die äußere Handlung dieser Kurzgeschichte lässt sich in vier Handlungsschritte gliedern: Ziehe im Text Linien zwischen diesen vier Abschnitten.
b Fasse den Inhalt für jeden Handlungsschritt im Handlungspfeil stichwortartig zusammen.
c Kreuze an, welcher Handlungsschritt den Höhe- oder Wendepunkt der Geschichte erzählt.

Z. 1- ☐	Z. ☐	Z. ☐	Z. ☐

 **3** Markiere in der Kurzgeschichte Textstellen, die die innere Handlung Carolines wiedergeben: Was nimmt sie wahr? Was wünscht sie sich?

In einer Geschichte wird nicht nur die **äußere Handlung** (das, was geschieht; das, was man von außen sehen kann) dargestellt. Es wird vor allem erzählt, was die Figuren in einer Situation denken und fühlen **(innere Handlung,** z. B. Angst, Wut, Freude, Verunsicherung). So können sich die Leser/Leserinnen besser in die Figuren hineinversetzen.

Die Figuren untersuchen

Um eine Geschichte zu verstehen, musst du dir ein klares Bild von den Figuren machen. Sie haben ein bestimmtes Aussehen, bestimmte Eigenschaften, Gefühle, Gedanken und Absichten. In vielen Geschichten gibt es eine **Hauptfigur,** über die die Leserin/der Leser besonders viel erfährt.

1 Wer ist die Hauptfigur in der Kurzgeschichte? Kreuze an.

Die Hauptfigur ist   A ☐ Joschi,   B ☐ Caroline.

Figuren können in einem Text **direkt** beschrieben werden (z. B. durch den Erzähler oder andere Figuren).
Sie können aber auch **indirekt** charakterisiert werden (z. B. durch ihr Verhalten oder ihre Art zu sprechen).

2 **a** Unterstreiche im Text:
- Informationen über Caroline <u>blau,</u>
- Informationen über Joschi <u>grün.</u>

b Kreuze für jede Aussage an, ob sie zutrifft oder nicht.

	trifft zu	trifft nicht zu
A Joschi wird durch die Figur Caroline **direkt** beschrieben.	☐	☐
B Caroline wird aus Sicht von Joschi **direkt** beschrieben.	☐	☐
C Caroline wird **indirekt** durch ihr Verhalten beschrieben.	☐	☐
D Caroline wird durch einen Erzähler **direkt** beschrieben.	☐	☐

c Ordne die Informationen über die Figur Caroline: Lege im Heft eine Mind-Map an und trage sie dort ein.

Wünsche/Gedanken
wäre gern Joschis Freundin
...

Eigenschaften
schüchtern
...

Caroline

Verhalten
will Joschi gefallen
...

Gefühle
...

3 **a** Beschreibe die Beziehung zwischen Caroline und Joschi stichwortartig.
b Überlege, warum du so viel über Caroline erfährst, aber wenig über Joschi. Notiere im Heft.

Caroline → Joschi:	Joschi → Caroline:
verliebt,	kühl,

Eine (erweiterte) Inhaltsangabe schreiben

Eine erweiterte (interpretierende) Inhaltsangabe fasst den Inhalt eines Textes kurz und sachlich zusammen und bearbeitet eine weiterführende Aufgabe, z. B.: *Beschreibe die Beziehung zwischen den Hauptfiguren.*
Lege einen **Schreibplan** an:
– Nenne in der **Einleitung** die Art des Textes (z. B. Kurzgeschichte), den Titel, den Namen der Autorin/des Autors und das Thema des Textes.
Fasse im **Hauptteil** die Handlungsschritte in der zeitlich richtigen Reihenfolge zusammen.

1 Arbeite die folgende Einleitung aus, indem du die fehlenden Angaben einträgst.

In der _____ „_____ "
$\qquad$ Art des Textes $\qquad$ Titel

von _____ geht es um _____
$\qquad$ Name der Autorin $\qquad$ (Thema des Textes, siehe Aufgabe 4 von Seite 13)

_____

_____

– **Schreibe** im Hauptteil **sachlich:** Vermeide ausschmückende Formulierungen.
– Verwende **eigene Worte,** schreibe nichts ab.
– Schreibe im **Präsens** (bei Vorzeitigkeit im Perfekt).
– Verwende **keine wörtliche Rede.** Gib besonders wichtige Äußerungen von Figuren in der indirekten Rede wieder (siehe Seite 55–58), z. B.:
„Das darf ich nicht", sagte Caroline.
→ *Caroline antwortet ihm, sie dürfe das nicht.*
Du kannst sie auch umschreiben (mit anderen Worten ausdrücken), z. B.:
→ *Caroline gibt zurück, dass ihre Eltern das verboten haben.*

2 Fasse den folgenden Textauszug zusammen:
a Verwende die indirekte Rede.
b Umschreibe: Gib die Äußerung mit eigenen Worten wieder.

„Du wirst es schon wieder reparieren", sagte Caroline. „Du musst ins nächste Dorf und jemand holen. Benzin ist noch drin, also weiß ich nicht, was los ist. Los, Caroline, geh schon."
„Es sind noch zehn Kilometer", sagte Caroline und pflückte ein paar Blumen. (Z. 20–25)

Indirekte Rede: *Caroline vertraut Joschi. Als das Motorrad stehen bleibt, entgegnet sie auf sein Schimpfen,* _____

_____

Umschreibung mit eigenen Worten: *Als das Motorrad liegen bleibt, ist Caroline voller Vertrauen, dass* _____

3 **a** In der folgenden Zusammenfassung der Handlung fehlen Verknüpfungen,
die die Zusammenhänge der Handlung deutlich machen.
Wähle passende Verknüpfungen aus und trage sie in den Text ein.

> plötzlich · während · anschließend · zu Beginn

Die Kurzgeschichte setzt unmittelbar ein, sie springt mitten in die Gedanken der

Hauptfigur Caroline. _____ erfährt man, dass sie einen Jungen namens

Joschi sehr bewundert. Die Handlung beginnt _____ damit, dass

Joschi und Caroline auf einer Landstraße mit einem Motorrad unterwegs zu einem

Picknick mit Freunden sind. _____ Caroline ihren Träumen

nachhängt, bleibt das Motorrad _____ stehen.

b Fasse auch die drei weiteren Handlungsschritte
zusammen (Aufgabe 2 auf Seite 14). Schreibe ins
Heft und denke an die Verknüpfungswörter.

> **Verknüpfungswörter:** *nachdem – als – solange –
> bevor – weil – da – deshalb – sodass – obwohl – aber –
> jedoch – anfangs – zuerst – daraufhin – am Ende*

4 Bearbeite die erweiterte Aufgabenstellung:
Beschreibe die Beziehung zwischen den Hauptfiguren.
Tipp: Deine Ergebnisse zu den Aufgaben 2 und 3 auf Seite 15 helfen dir dabei.

Caroline ist sehr verliebt in Joschi, über den sie sich viele Gedanken gemacht hat. Sie träumt davon, ...

5 **a** Fasse den Inhalt der Kurzgeschichte „Caroline, über Wiesen laufend" im Heft zusammen.
b Überarbeite sie mit Hilfe der Checkliste unten und notiere, was du verbessern musst.

Eine Inhaltsangabe überarbeiten

Checkliste

Das ist mir gelungen.

- Ist die **Einleitung** vollständig (Art des Textes, Titel,
  Name der Autorin/des Autors, Thema des Textes)?
- Sind im **Hauptteil die wichtigsten Handlungsschritte** in
  der zeitlich richtigen Reihenfolge zusammengefasst?
  Wurde nur das Wesentliche wiedergegeben?
- Werden die **Zusammenhänge der Handlung** durch
  passende Verknüpfungswörter deutlich?
- Ist der Inhalt **sachlich** und **mit eigenen Worten** zusam-
  mengefasst? Wurde nichts abgeschrieben?
- Stimmt das **Tempus: Präsens** (bei Vorzeitigkeit
  das Perfekt)?
- Erscheint in der Inhaltsangabe **keine wörtliche Rede?**
- Sind **Rechtschreibung** und **Zeichensetzung** richtig?

Das muss ich so verbessern: ...

Texte schreiben

Schau dir die **Aufgabenstellung** genau an, bevor du einen Text schreibst. Prüfe genau:
– Welche **Art von Text** sollst du schreiben?
– **Für wen** schreibst du (Adressat/-en, Ort der Veröffentlichung)?
– Was ist das **Thema?**
– Welche **Informationen** musst du auswerten?

---

1 Weißt du, welche Schritte beim Schreiben wichtig sind? Arbeite den folgenden Fragebogen durch.

Wie gehe ich beim Schreiben vor?   Fragebogen

Die Arbeitsschritte des Schreibens kennen

? Was machst du in welcher Reihenfolge, wenn du einen Text schreiben willst?

1. Nummeriere die folgenden Arbeitsschritte in der richtigen Reihenfolge.

☐ **A** Informationen/Ideen sammeln und ordnen

☐ **B** Den Text verfassen

☐ **C** Die Aufgabe verstehen und die Art des Textes klären

☐ **D** Den Text überarbeiten (vielleicht nach einer Pause)

☐ **E** Einen Schreibplan anlegen: Die Gliederung planen

Wissen, wie man einen bestimmten Text aufbaut

? Weißt du, welchen Schreibplan eine bestimmte Textart erfordert?

2. Verbinde jede Textart mit den passenden Stichpunkten zur Gliederung rechts. Ziehe Linien.

A Pro-und-Kontra-Erörterung	a Einleitung (Materialien/Vorbereitung), Hauptteil (Vorgehen Schritt für Schritt beschreiben), Schluss
B Informationstext	b Einführung (Thema), Hauptteil (Standpunkt/These, Argumente und Beispiele entfalten), Schluss
C Vorgangsbeschreibung	c Überschrift, Einleitung (Thema, W-Fragen), Hauptteil (Beschreibung und Erklärung der Sachverhalte, roter Faden!), Schluss

Wissen, welche Strategien bei der Textüberarbeitung helfen

? Kennst du Methoden zur Überarbeitung von Texten?

3. Ordne den Elementen des ESAU-Verfahrens die jeweils passende Probe und deren Funktion zu.

Art der Überarbeitung	Ich verwende die ...	... wenn ich ...
E: Ergänzen –	Weglassprobe,	Überflüssiges oder Wiederholungen streichen will.
S: Streichen –	Umstellprobe,	genauer formulieren will.
A: Austauschen –	Ersatzprobe,	abwechslungsreicher schreiben will.
U: Umstellen –	Erweiterungsprobe,	Wortwiederholungen oder Umgangssprachliches vermeiden will.

Einen Informationstext verfassen

1. Schritt: Planen	2. Schritt: Schreiben	3. Schritt: Überarbeiten
– sich über das Thema informieren – Material sammeln – Material ordnen	– Schreibplan ausarbeiten – Text sachlich und genau ausformulieren	– Reihenfolge (Schreibplan) prüfen – Tempus prüfen (Präsens, bei Vergangenheit: Präteritum)

Sich über das Thema informieren

Aufgabenstellung: Stell dir vor, die nächste Ausgabe eurer Schülerzeitung hat das Thema „Vorbilder". Du informierst über den deutschen Astronauten Alexander Gerst. Einige Informationen sind bereits zusammengetragen.

1 Lies die folgenden Informationen über Alexander Gerst und seine Mission.

Material 1 **Alexander Gerst: Ein Held im Weltraum**

Alexander Gerst, 1976 geboren, Studium: Geophysik

arbeitete als Naturforscher: hat Vulkanausbrüche untersucht (mehr Infos: www.planet3.de)

Frühjahr 2014: Expedition zur Internationalen Raumstation ISS, seine erste und bisher einzige

lebte und forschte in über 400 km Höhe auf der ISS: Mission „Blue Dot" (deutsch: blauer Punkt, Anspielung auf kleinen Planeten Erde in den Weiten des Weltraums, mehr Infos: www.dlr.de/next/)

sagt von sich selbst, sein größtes Glück als junger Mensch war, dass er seinen Interessen nachgehen durfte und seine Eltern ihn in allem unterstützten, ging dann seinen Weg und ergriff Chancen (= sehr bescheiden)

Gerst setzte sich beim Auswahlverfahren der ESA gegen 8407 Mitbewerber durch, Ausbildung begann 2009 im EAC in Köln

Wunsch für die Zukunft: möglichst vielen Menschen klarmachen, wie wichtig der Schutz unserer Erde ist

Gerst in Interviews: „Unser Planet ist aus der Ferne nur ein blauer Punkt und wirkt wie ein zerbrechliches Raumschiff für die Menschheit. Schaut man von außen auf unseren Planeten, ist es völlig unlogisch und unverständlich, dass wir uns gegenseitig bekriegen und unsere Umwelt verschmutzen."

166 Tage im All, etwa 2 500 Erdumrundungen, Landung auf der Erde am 10. November 2014: 4:58 Uhr unserer Zeit (MEZ, 9:58 Uhr Ortszeit) an Bord einer Raumkapsel in Kasachstan

betreute im All 160 Experimente, Zweck: das Leben auf der Erde zu verbessern

Material 2

Land: Deutschland
Organisation: Europäische Weltraumorganisation (ESA)
Datum der Auswahl: 20.05.2009
Ausbildung: Europäisches Astronautenzentrum (EAC)
Anzahl der Raumflüge: 1
Start erster Raumflug: 28.05.2014
Rückkehr/Landung: 10.11.2014
Gesamtdauer: 165 Tage, 8 Stunden, 1 Minute
Einsätze außer Bord: 1
Dauer des Einsatzes: 6 Stunden, 13 Minuten

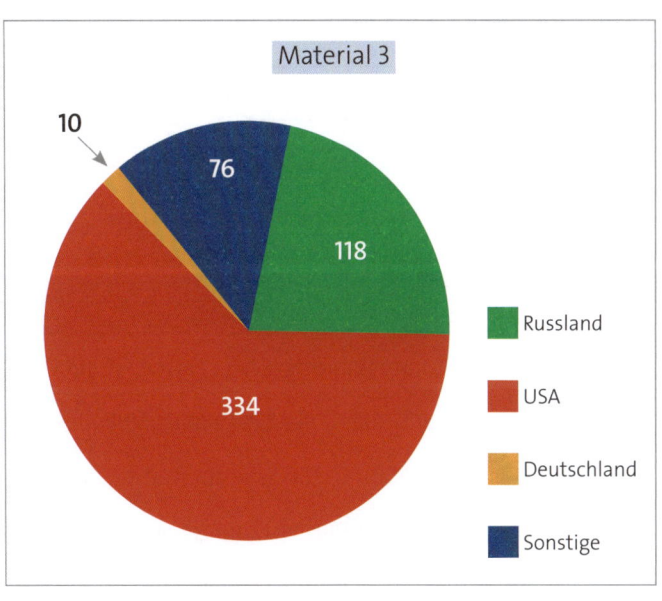

Material 3

10
76
118
334

Russland
USA
Deutschland
Sonstige

Anzahl der Raumfahrer und ihre Herkunft

2 **a** Zu welchen der folgenden Fragen findest du in Material 1 bis 3 (Seite 19) Informationen? Kreuze an.
○ **b** Markiere im Material die Informationen, die die Fragen beantworten.
Notiere am Rand daneben den Buchstaben der Frage.

A ☐ Gibt es Informationen über die Person Alexander Gerst?

B ☐ Was ist sein Beruf? Was hat er Besonderes gemacht?

C ☐ Wie hieß seine Mission und was war ihr Ziel?

D ☐ Wann und wie hat die Mission stattgefunden?

E ☐ Wo hat sich Alexander Gerst während der Mission aufgehalten?

F ☐ Wie viele Experimente hat er dabei durchgeführt?

G ☐ Aus welchen Ländern stammen die Astronauten, die bisher ins All gereist sind?

H ☐ Wie funktioniert ein Raumschiff?

I ☐ Welche Erfahrung hat Alexander Gerst besonders beeindruckt?

3 **a** Werte das Tortendiagramm (Material 3) aus.
○ **b** Trage die fehlenden Informationen in der folgenden Beschreibung des Tortendiagramms ein.
c Ergänze die Begründung: Warum ist es etwas Besonderes, dass Alexander Gerst zur ISS geflogen ist?

Das Tortendiagramm zeigt _____ . Es wird deutlich, dass

die meisten Raumfahrer, nämlich _____ , aus _____ kommen.

Gefolgt von _____ , das auch bereits 118 Menschen in den Weltraum entsandt hat.

Begründung: *Dass Alexander Gerst zur ISS geflogen ist, ist etwas Besonderes, weil* _____

_____

Den Text planen und passende Informationen auswählen

1 Lege im Heft eine Mind-Map nach folgendem Muster an: Ordne die angebotenen Unterbegriffe sinnvoll zu.
○ Tipp: Du kannst weitere Unterbegriffe ergänzen, zum Beispiel genaue Daten zur Mission.

persönliche Informationen   *Ausbildung/Beruf*

...   ...

Alexander Gerst

Informationen über Mission   *Erfahrungen/Wünsche*

...   ...

Astronautenausbildung/EAC · Name: „Blue Dot" · Flug zur Internationalen Raumstation ISS ·

Geophysiker · Naturforscher: Vulkanausbrüche · 1976 in Deutschland geboren ·

2009 Auswahlverfahren für Astronauten bestanden · 166 Tage im All · etwa 2 500 Erdumrundungen ·

Ziel: Schutz der Erde · Blick auf die zerbrechliche Erde · Forschung/Experimente bei Schwerelosigkeit ·

mehr Umweltschutz und Frieden · bescheidener Mensch

2 Ist der vorgeschlagene „rote Faden" für einen Informationstext
über Alexander Gerst als Vorbild geeignet oder nicht?
Arbeite die Begründung aus:
Streiche Unpassendes und setze den Satz fort.

> Lege einen „roten Faden" für deinen Text
> fest: In welcher **Reihenfolge** willst du die
> Informationen ordnen? Diese Reihenfol-
> ge bestimmt den **Schreibplan (die Glie-
> derung) im Hauptteil** deines Textes.

Ich stelle die Informationen im zeitlichen Ablauf dar: | Vergangenheit → Gegenwart → Zukunft. |

Begründung: Der vorgeschlagene „rote Faden" für die Reihenfolge der Informationen ist für meinen Beitrag

für die Schülerzeitung gut geeignet. Wenn man Alexander Gerst als Vorbild vorstellen möchte, kann

man in dieser Reihenfolge gut erklären, _____

_____

3 **a** Arbeite den Schreibplan für den Hauptteil deines Informationstextes aus:
Trage in der folgenden Übersicht die Gliederung für den Schreibplan ein.
b Trage bei jedem Abschnitt stichwortartig Informationen aus den Materialien von Seite 19 ein.

1._____ :

Wann ist Alexander Gerst geboren? Welche Ausbildung hat er? Welchen Beruf hat er?

_____

_____

_____

2._____ :

Wie und wann wurde Alexander Gerst Astronaut? An welcher Mission nahm er teil? Wie verlief sie?
Was machte er dabei?

_____

_____

_____

3._____ :

Welche Erfahrungen beeindruckten Alexander Gerst besonders? Was ist sein Wunsch für die Zukunft?

_____

_____

_____

Den Informationstext schreiben

Schreibplan/Aufbau beachten:
– **Überschrift:** Interesse wecken.
– **Einleitung:** ins Thema einführen, wichtige W-Fragen beantworten.
– **Hauptteil:** Beschreibung und Erklärung der Sachverhalte, wichtig: „roter Faden"!
– **Schluss:** wichtige Gedanken zusammenfassen oder Ausblick geben.

1 Lies die Aufgabenstellung von Seite 19 noch einmal: Wer wird den Text lesen? Was ist das Thema?
Streiche in der folgenden Erklärung Unpassendes.

Ich soll einen informierenden / beschreibenden / argumentierenden Text an das interessierte Fachpublikum / meine Mitschülerinnen und Mitschüler für eine Homepage / die Schülerzeitung erstellen. Der Informationstext hat das Thema „Alexander Gerst – ein deutscher Wissenschaftler im Weltraum"/ „Die Internationale Raumstation ISS".

2 Max informiert über Alexander Gerst: Er hat bereits eine <u>Einleitung</u> verfasst.
a Ihr macht eine Schreibkonferenz: Lies die Einleitung.

Nach unglaublichen 166 Tagen im Weltraum landete Alexander Gerst wieder auf der Erde, genauer gesagt in Kasachstan. Im Rahmen der Mission „Blue Dot" hatte er auf der echt extrem hoch fliegenden Internationalen Raumstation ISS gelebt und ziemlich hart gearbeitet. Der Naturwissenschaftler ist erst der zehnte Deutsche überhaupt, der ins Weltall geflogen ist.

b Gib Max einen Tipp, was er überarbeiten muss. Streiche Unpassendes.

Du hast viele persönliche Wertungen / sachliche Beurteilungen verwendet.

Formuliere anschaulicher / sachlicher.

c Überarbeite die Einleitung mit Hilfe der Weglassprobe:
  – Streiche unwichtige und überflüssige Informationen.
  – Streiche unsachliche oder umgangssprachliche Wendungen.
d Schreibe die überarbeitete Einleitung auf.

> Mit Hilfe der **Weglassprobe** kannst du Texte straffen: Prüfe, welche Wörter und Wendungen im Text gestrichen werden sollten, weil sie **überflüssig** sind, **sich wiederholen** oder **umgangssprachlich** sind.

_____

_____

_____

_____

_____

_____

Schreibe **vorwiegend im Präsens.**
Verwende für ein **Geschehen in der Vergangenheit** das **Präteritum.** Ist der Hauptsatz im Präteritum formuliert, wird **bei Vorzeitigkeit das Plusquamperfekt** verwendet, z. B.: *Die Astronauten auf der ISS wechselten, nachdem sie einige Monate im Weltraum gelebt und gearbeitet hatten.*

3 Trage in diesem ersten Abschnitt des Hauptteils die eingerahmten Verben im richtigen Tempus in die Lücken ein.

Alexander Gerst ist ein gutes Vorbild, darum möchte ich ihn gern vorstellen.

In einer Raumkapsel *landete* ⟨ landen ⟩ landen Alexander Gerst im November 2014 wieder auf der

Erde, nachdem er zuvor an der Weltraum-Mission „Blue Dot" _____

⟨ teilnehmen ⟩ . In über 400 Kilometern Höhe über der Erde schwebend _____ der Astronaut

in der Schwerelosigkeit des Alls _____

⟨ leben und arbeiten ⟩ . Fünf Jahre zuvor, im Jahr 2009 _____ ⟨ ernennen ⟩

die ESA Alexander Gerst zum Astronauten, nachdem er sich vorher gegen 8 407 Mitbewerber

_____ ⟨ durchsetzen ⟩ .

Verwende **Satzverknüpfungen** (z. B.
*weil, indem, wenn, während, sodass,
obwohl*), um **Zusammenhänge zwischen den Informationen** (Ursache,
Wirkung etc.) auch sprachlich deutlich
zu machen.

4 Setze im folgenden Textauszug aus dem Hauptteil
die fehlenden Satzverknüpfungen ein.
Achte darauf, dass die Zusammenhänge
deutlich werden.

Alexander Gerst bereitete sich auf die Mission vor,

_____ er sich über Jahre fortbildete und viel

trainierte. Mit der Bereitschaft zur Teilnahme an der

Mission bewies er großen Mut, _____ der Flug

5 ins All große Gefahren barg und der lange Aufenthalt in der Raumstation mit großen Anstrengungen für

Körper und Geist verbunden war. Alexander Gerst führte an Bord der ISS 160 Experimente durch,

_____ man auf neue Forschungsergebnisse hoffen kann. Der Astronaut nahm seine Eindrücke

auf Fotos auf und veröffentlichte diese im Internet, _____ er hofft, dass die Menschen die Zer-

brechlichkeit der im riesigen Weltall so winzigen Erde erkennen und sie schützen. _____

10 viele Menschen in ihm ein großes Vorbild sehen, ist er selbst zu bescheiden, um dies von sich zu denken. Er

sagt, er habe als junger Mensch verständnisvolle Eltern gehabt, die ihm Raum für seine Interessen gaben.

> Verwende keine wörtliche Rede. Gib wichtige **Äußerungen Dritter** in der **indirekten Rede** wieder (siehe Seite 55–58), z. B.: *Der Astronaut sagt: „Ich bin tief gerührt."* → *Er sagt, er sei tief gerührt.*
> Du kannst sie auch **mit eigenen Worten umschreiben** (mit anderen Worten ausdrücken, z. B.:
> *Der Astronaut gibt an, tief gerührt zu sein. – Seinen eigenen Worten nach ist der Astronaut tief gerührt.*

5 Gib die folgende Äußerung von Alexander Gerst wieder:
a Verwende die indirekte Rede.
b Umschreibe mit eigenen Worten.

Alexander Gerst sagt in Interviews: „Unser Planet ist aus der Ferne nur ein blauer Punkt und wirkt wie ein zerbrechliches Raumschiff für die Menschheit. Schaut man von außen auf unseren Planeten, ist es völlig unlogisch und unverständlich, dass wir uns gegenseitig bekriegen und unsere Umwelt verschmutzen."

Indirekte Rede: _____

_____

_____

Umschreibung mit eigenen Worten: *Alexander Gerst betont in Interviews,* _____

_____

_____

6 **a** Wähle für den <u>Schluss</u> des Informationstextes wichtige Gedanken aus, die du aufgreifen möchtest: Formuliere zwei bis drei Sätze dazu aus.

| großer Mut | extreme Anstrengungen für Körper und Geist |

   Engagement für den Schutz des Planeten „Erde"

trotz großem Erfolg bescheiden

   Traumziel „Astronaut" mit Ausdauer verfolgt

Mit der Teilnahme an der Mission „Blue Dot" _____

_____

_____

b Erkläre abschließend, warum Alexander Gerst ein Vorbild für junge Menschen sein kann.

_____

_____

_____

Den Informationstext überarbeiten

Die **Überschrift** muss Interesse am Thema wecken und neugierig machen.

1 **a** Wähle eine passende Überschrift aus. Kreuze an.
b Begründe deine Wahl unten.

A ☐ Weltraumheld kehrt zurück

B ☐ Deutscher Astronaut wieder zurück auf der Erde

C ☐ ISS dreht weiter ihre Runden

Begründung: Überschrift _____ ist geeignet, weil _____

2 **a** Überprüfe den folgenden Textentwurf mit Hilfe der Checkliste unten.
Notiere Verbesserungsvorschläge in der Randspalte.
b Schreibe den Text verbessert in dein Heft.

Monatelang <u>hat</u> Alexander Gerst die Menschheit mit seinen Bildern und Berichten *Tempus*
aus dem Weltall <u>unterhalten</u>, bevor er im November 2014 wieder auf der Erde landete.
Punkt 4:58 Uhr MEZ <u>schlägt</u> die Landungskapsel in der Steppe in Kasachstan auf.
Alexander Gerst ist erst der zehnte Deutsche, der überhaupt jemals ins All flog.

Alexander Gerst ist 1976 geboren. Ins All flog Alexander Gerst also mit 38 Jahren.
Wie hat er das geschafft? So einen coolen Job kriegt ja nicht jeder.
Alexander Gerst interessierte sich schon früh für den Weltraum. Kann man verstehen.
Ich finde auch, das ist ein extrem tolles Thema. Alexander Gerst studierte erst einmal,
und zwar Geophysik. Anschließend arbeitete Alexander Gerst als Vulkanforscher.

Im Jahr 2009 bewarb sich Alexander Gerst bei der ESA. Das ist das Europäische
Raumfahrtzentrum. Es gab 8407 weitere Bewerber. Alexander Gerst wurde genommen.
Er durfte noch nicht ins All. Vorher musste er eine Ausbildung machen. Die Ausbildung
fand im Gagarin-Kosmonauten-Trainingscenter in Moskau statt. Sie dauerte Jahre.

3 **a** Schreibe einen vollständigen Informationstext über Alexander Gerst in dein Heft und erkläre abschließend,
warum er ein Vorbild sein kann.
b Überarbeite deinen Text mit Hilfe der Checkliste unten und notiere, was du verbessern musst.

Einen Informationstext überarbeiten

Checkliste

Das ist mir gelungen.   Das muss ich so verbessern: …

– Ist der „rote Faden" erkennbar?

– Sind **Überschrift**, **Einleitung**, **Hauptteil** und **Schluss**
vorhanden und durch Absätze kenntlich gemacht?

– Ist **mit eigenen Worten** und **sachlich** formuliert?
Wurde auf persönliche Wertungen und Umgangs-
sprache verzichtet?

– Stimmt das **Tempus**: Präsens bzw. Präteritum?

– Sind die Zusammenhänge der Informationen durch
Satzverknüpfungen deutlich gemacht?

– Sind **Rechtschreibung** und **Zeichensetzung** richtig?

Einen Arbeitsablauf beschreiben

1. Schritt: Planen
- Zweck der Beschreibung verstehen
- Informationen sammeln
- Informationen ordnen

2. Schritt: Schreiben
- Text sachlich und genau formulieren
- Schreibplan beachten

3. Schritt: Überarbeiten
- Schreibplan (Gliederung) prüfen
- Reihenfolge im Hauptteil prüfen
- Zusammenhänge (Ursache, Wirkung) deutlich machen

Informationen sammeln und ordnen

Neun gute Helden

Stell dir vor, du nimmst an einer Klassenfahrt nach Köln ins historische Rathaus teil. Dort siehst du die Steinskulpturen der sogenannten „Neun guten Helden". Dargestellt sind z. B. Kaiser Karl der Große, König David oder Julius Caesar. Diese Figuren kannten im späten Mittelalter fast alle Menschen. Bis heute erinnern sie die Politiker im Rathaus an gute Eigenschaften, z. B. Klugheit, Mut und Weltoffenheit.

Weil Umwelteinflüsse den Stein beschädigen, muss ein Restaurator die „guten Helden" instandhalten. Du schaust ihm eine Weile bei der Arbeit zu und unterhältst dich mit ihm.

Nach der Klassenfahrt stellt ihr ein Portfolio über interessante Eindrücke zusammen: Du willst die Tätigkeit des Restaurators beschreiben.

 1 Im Internet bist du auf folgende Abbildungen gestoßen. Sie zeigen, wie eine Steinskulptur restauriert wird.

a Trage bei den Arbeitsschritten unten die Nummer des dazu passenden Bildes ein.
b Nummeriere die Arbeitsschritte rechts am Rand in der richtigen Reihenfolge.

A ☐ **Recherche:** Der Restaurator forscht in Büchern sowie anderen Aufzeichnungen nach Informationen (z. B. zu Entstehung, verwendetem Material, besonderen Techniken) oder Abbildungen zum Objekt. (Material: Bücher, Internet) _____

B ☐ **Bestandserfassung:** Der Restaurator untersucht die Steinskulptur. Er prüft, ob Schäden feststellbar sind. (Werkzeug: Lampe, Skalpell, Lupe/Mikroskopbrille) _1_

C ☐ **Restaurierung:** Der Restaurator nimmt sehr vorsichtig und sorgfältig kleinere Ergänzungen an der Oberfläche vor. Eine abgebrochene Stelle wird repariert. (Werkzeug: Spachtel, Spachtelmasse) _____

D ☐ **Reinigung und Konservierung:** Der Restaurator säubert die Skulptur behutsam und umsichtig. Mit speziellen Mitteln versucht er, das Material zu erhalten und zu schützen. (Werkzeug/Material: Schwamm, Pinsel, Konservierungsmittel) _____

Die Beschreibung sachlich und genau verfassen

Schreibplan/Aufbau beachten:
- Benenne in der **Einleitung** notwendige Vorbereitungen und Materialien oder Werkzeuge.
- Beschreibe im **Hauptteil** Schritt für Schritt den Arbeitsablauf.
- Am **Schluss** kannst du z. B. einen weiterführenden Hinweis (Tipp) geben.

1 **a** **Prüfe vor dem Schreiben, wer deinen Text lesen wird: Kreuze an.**
b **Was musst du dabei beachten? Streiche in den Sätzen unten Unpassendes.**

Ich schreibe für ...

A ☐ ein interessiertes Fachpublikum.   C ☐ meine Mitschüler/-innen (Portfolio).

B ☐ mein Tagebuch.   D ☐ eine Fachzeitschrift der Denkmalpflege.

Wenn ich einen Arbeitsablauf für jemanden beschreibe, der diesen nicht kennt, muss ich Folgendes beachten:

- Ich muss alle Vorgänge möglichst genau / interessant beschreiben.
- Es ist unerheblich / sehr wichtig, die richtige Reihenfolge der Arbeitsschritte darzustellen.
- Um genau zu beschreiben, muss ich Alltagssprache / Fachbegriffe verwenden und diese erklären, wenn ich nicht für Fachleute schreibe.

2 **Erkläre die folgenden Fachbegriffe. Kläre ihre Bedeutung durch Nachschlagen in einem Lexikon oder im Internet, wenn du sie nicht kennst.**

Skulptur: _____

Bestandserfassung: _____

Skalpell: _____

Mikroskopbrille: _____

Restaurierung: _____

Konservierung: _____

3 **Nenne in der Einleitung die Materialien/Werkzeuge, die ein Restaurator braucht.**
Setze die folgende Einleitung fort. Die Informationen von Seite 26 helfen dir.

Bevor der beschädigte „gute Held" gereinigt und repariert werden kann, schaut der Restaurator ihn genau an.

Sobald er weiß, was zu tun ist, legt er Werkzeug und Material bereit. Er benötigt:

_____

_____

_____

_____

4 Für den <u>Hauptteil</u> wurde hier der erste Arbeitsschritt beschrieben.
Wähle Wörter aus, die die Reihenfolge der Arbeitsschritte deutlich machen,
und trage sie in die Lücken ein.

> zu Beginn · zuerst · anfangs · anschließend · darauf · dann · danach ·
> sobald · wenn · folgend · im Anschluss · schlussendlich · erst am Ende

Zu Beginn untersucht der Restaurator die Steinskulptur für die Bestandsaufnahme sehr genau mit

einer Lupe oder mit einer Mikroskopbrille, weil er sehen will, ob der Stein beschädigt ist. Er prüft dabei

auch, warum ein Schaden entstanden sein könnte. _____ werden oft kleine Materialproben

entnommen, um ein genaueres Ergebnis zu erzielen. _____ das Ergebnis vorliegt, kennt

der Restaurator die genaue Art des Schadens. _____ wird alles schriftlich festge-

halten. _____ überlegt der Restaurator gemeinsam mit dem Eigentümer der

Skulptur, was geschehen kann.

5 a Im Text von Aufgabe 4 ist das richtige Tempus verwendet. Unterstreiche dort alle Personalformen der Verben.
b Trage das richtige Tempus im folgenden Satz ein.

Man verfasst eine Beschreibung im _____ , um das Allgemeingültige des Vorgangs auszudrücken.

6 a Lies den nächsten Abschnitt von Merles Hauptteil und prüfe: Hat sie Fachbegriffe erklärt?
Umkreise die Fachbegriffe und unterstreiche die Erklärungen.

[...] Ein Restaurator muss sich vorbereiten. Eine Schadensbeschreibung zeigt ihm, wie er während der Arbeit

vorgehen muss. Im Stadtarchiv, dort werden Schriftstücke gesammelt, und in Bibliotheken befinden sich oft

Texte, die Informationen über die Kunstobjekte enthalten. Einen Restaurator interessiert die Historie:

Wann ist die Skulptur entstanden und warum wurde sie in Auftrag gegeben? Er versucht auch herauszu-

finden, wer den Steinhelden geschaffen hat. Mit etwas Glück findet er sogar eine Zeichnung im Archiv,

die den Zustand der Skulptur zeigt. Daran kann er sich orientieren, wenn zum Beispiel Stücke fehlen. [...]

b Hat Merle abwechslungsreiche und treffende Verben verwendet? Prüfe und streiche Unpassendes.

Merle hat / hat nicht nur „sein" und „haben" verwendet. Ihre Wahl der Verben ist eintönig / abwechslungsreich.

c Merle schreibt nicht genau genug. Wende die <u>Erweiterungsprobe</u> an: Trage die Buchstaben der aussage-
kräftigen Adjektive so über dem Text ein, dass er genauer wird.

A ☐ zuverlässige   B ☐ ältere

D ☐ sorgfältig   C ☐ detaillierte

E ☐ ursprünglichen   F ☐ genaue

7 Formuliere einen passenden <u>Schluss.</u> Nutze einen der angebotenen Hinweise.
Schreibe in dein Heft.

A ☐ Gute Vorbereitung ist wichtig für den Erfolg.

B ☐ In diesem Beruf sind Sorgfalt und Konzentration gefordert.

C ☐ Der Erhalt des Kunstwerks für die Nachwelt steht im Vordergrund.

Überarbeiten: Auf Verknüpfungen achten

1 a Lies den Textauszug unten.
b Gut gelungen ist der Wechsel zwischen Aktiv und Passiv. Unterstreiche die Passivformen.
c Formuliere einen Tipp für die Verbesserung. Kreuze unten an.
d Überarbeite den Text: Beachte deinen Tipp und schreibe die Verbesserung in dein Heft.

Die Beschreibung wirkt beim Lesen ...   A ☐ flüssig.   B ☐ zusammenhanglos.

Einzufügen sind   C ☐ passende Wörter, die die Reihenfolge deutlich machen.   D ☐ Satzzeichen.

Der Restaurator hat sich über das Material und den urprünglichen Zustand der Skulptur informiert. Die eigentliche Arbeit kann beginnen. Vorsichtig reinigt er die Skulptur mit einem Schwamm. Verunreinigungen und Staub werden sorgfältig abgetragen. Festgesetzten Schmutz nimmt er mit einem kleinen Skalpell ab.

Die gereinigte Fläche wird nun konserviert, das bedeutet, sie wird haltbar gemacht. Der Restaurator verwendet dafür meist besondere und geprüfte Konservierungsstoffe, die vorsichtig auf den Stein auftragen werden. Lose Stellen, die ansonsten vielleicht ausbrächen, härtet er auf diese Weise.

Bei jeder Restaurierung werden auch Beschädigungen ausgebessert. Der Restaurator repariert kleinere Schäden im Stein, er verspachtelt weggebrochene Stellen. Wichtig ist, das ursprüngliche Kunstwerk nicht zu verfälschen. Oberstes Ziel ist es immer, den Ursprungszustand zu dokumentieren und zu erhalten. [...]

2 a Beschreibe den Arbeitsablauf eines Restaurators. Beachte den Schreibplan auf Seite 27 oben und schreibe den Text in dein Heft.
b Überarbeite ihn mit Hilfe der Checkliste unten und notiere dort, was du verbessern musst.

Eine Vorgangsbeschreibung überarbeiten	**Checkliste** ✔
Das ist mir gelungen.	**Das muss ich so verbessern: ...**
– Sind in der **Einleitung** Vorbereitungen und Material/Werkzeuge genannt?	
– Wird der Arbeitsablauf im **Hauptteil** genau und in der richtigen **Reihenfolge** dargestellt? Werden **Fachbegriffe** erklärt?	
– Werden am **Schluss** weiterführende Hinweise aufgegriffen?	
– Sind **Aktiv und Passiv** abwechselnd verwendet?	
– Ist durchgehend im **Präsens** geschrieben?	
– Sind **Rechtschreibung** und **Zeichensetzung** richtig?	

Eine Stellungnahme überzeugend formulieren

1. Schritt: Planen
- Thema erkennen
- Informationen/Stoff sammeln
- eigene Position klären
- Argumente ordnen (Schreibplan)

2. Schritt: Schreiben
- Stellungnahme zusammenhängend formulieren
- Schreibplan beachten
- Gegenargument entkräften

3. Schritt: Überarbeiten
- Reihenfolge prüfen
- Überleitungen und Verknüpfungen prüfen
- Rechtschreibung und Zeichensetzung prüfen

Informationen/Stoff sammeln

1 Lies den Blogbeitrag und die Kommentare aus einem Internetforum für Schüler/-innen.

25.04.20XX	**Eingestellt von Nora**

Was tun gegen Gemeinheiten im Internet?

Letzte Woche bin ich beim Surfen zufällig auf einen Film gestoßen, der wirklich gemein war. Aufmerksam wurde ich, weil ich die Parkfläche unseres Schulhofs erkannte. Der Film muss an unserer Schule gedreht worden sein, ich habe sogar einige Mitschüler erkannt. Ein Mädchen aus Klasse 9, den Namen will ich nicht nennen,
5 wurde übel beschimpft und bedroht. Als sie zu weinen anfing, haben die anderen nur gegrölt und haben sie immer weiter gefilmt. Ich war schockiert. Dass so etwas vorkommt, ist ja schlimm genug. Aber dann habe ich Kommentare dazu in unserem Forum gelesen, die waren fast noch gemeiner. Kann man denn nichts dagegen unternehmen? Im Internet einzugreifen, ist doch kein Problem. Manche haben vielleicht Angst, selbst beschimpft zu werden. Aber das kann im Internet gar nicht geschehen: Meist genügt hier ein Klick oder eine
10 kurze Nachricht als Hilfestellung für jemanden, der angegriffen wird. Mischt ihr euch ein oder denkt ihr, dass das sinnlos oder übertrieben ist? Meine Frage ist, ob im Internet mehr digitale Zivilcourage gebraucht wird oder nicht.

Zwen79 (25.04.20XX, 18:31 Uhr)	für Zivilcourage im Netz?	☐ ja	☐ nein

Ich denke, dass es nicht sinnvoll ist, im Sinne einer digitalen Zivilcourage einzugreifen. Wer im Internet andere beleidigt, macht das bewusst. Er lässt sich sicher nicht durch einen Kommentar beeindrucken. Ich glaube, dass
15 das eher das Gegenteil bewirkt und derjenige noch aggressiver reagiert. Gerade neulich habe ich erlebt, dass jemand einfach anonym weitergepöbelt hat. Wie sagen erfahrene Blogger: „Don't feed the troll."

MisterM (25.04.20XX, 18:45 Uhr)	für Zivilcourage im Netz?	☐ ja	☐ nein

Ich muss widersprechen, Zwen79. Digitale Zivilcourage ist sinnvoll, technisch möglich und sehr wichtig. Würde man beleidigende oder abwertende Aussagen einfach unkommentiert stehenlassen, würde der Eindruck erweckt, dass die meisten so denken. Man muss sich einmischen, auch, weil das demjenigen hilft und Mut macht,
20 der beleidigt wurde. Einen diskriminierenden Kommentar an die Moderatoren eines Forums oder Blogs zu melden oder einen Film löschen zu lassen, ist doch nicht schwer. Das habe ich auch schon gemacht.

Mara (25.04.20XX, 19:05 Uhr)	für Zivilcourage im Netz?	☐ ja	☐ nein

Ich bin dagegen, dass man solche Beiträge meldet oder negativ kommentiert. Schließlich herrscht in diesem Land Meinungsfreiheit. Wer hat das Recht zu sagen: Das darfst du sagen oder zeigen, das aber nicht?

Dilara (25.04.20XX, 19:16 Uhr)	für Zivilcourage im Netz?	☐ ja	☐ nein

@Mara: Ich bin der Meinung, dass man eingreifen muss. Meinungsfreiheit endet da, wo die Würde von ande-
25 ren verletzt wird. Sicher: Im Internet sind Beleidigungen virtuell, niemand kommt körperlich zu Schaden. Dagegenhalten möchte ich, dass gerade diese Form der Gewalt auch sehr verletzend sein kann. Ich kenne ein Mobbingopfer, das nicht mehr schlafen kann. Das ist für mich das wichtigste Argument für digitale Zivilcourage.

2 Worüber diskutieren die Jugendlichen im Forum (Seite 30)? Kreuze an.

Sie diskutieren

A ☐ über die Frage, ob das Internet zensiert werden darf.

B ☐ über die Frage, ob man eingreifen soll, wenn im Internet jemand beleidigt oder angegriffen wird.

C ☐ über die Frage, ob Jugendliche das Internet unbeschränkt nutzen dürfen.

3 a Lies den Kommentar von Dilara in der linken Spalte.
   b Verbinde jeden Satzteil links mit dem richtigen Begriff rechts. Ziehe Linien.

A Ich bin der Meinung, dass die digitale Zivilcourage sehr wichtig ist, …

a Beispiel (macht ein Argument anschaulicher)

B … weil ein zivilisierter Umgang auf jeder Ebene menschlichen Zusammenseins wichtig ist, ob im direkten Umgang oder über das Internet.

b Argument (unterstützt die Meinung)

C Wenn beispielsweise jemand einen anderen Menschen wegen seiner Herkunft beleidigt, dann sage ich etwas dagegen.

c Behauptung (Dilaras Meinung/Standpunkt)

4 a Unterstreiche in den Kommentaren auf Seite 30 den Standpunkt schwarz, die Argumente grün.
   Außer Mara geben alle auch Beispiele, unterstreiche diese blau.
   b Kreuze an: Ist der Verfasser/die Verfasserin für digitale Zivilcourage oder dagegen?

5 Die Streitfrage lautet: Ist digitale Zivilcourage sinnvoll oder nicht?
   a Was ist deine Meinung zum Thema digitale Zivilcourage? Notiere deinen Standpunkt.

_____

   b Wähle drei Argumente aus, die deinen Standpunkt stützen. Kreuze sie an.
   c Notiere ein weiteres, eigenes Argument.

A ☐ Eine Datenlöschung zu veranlassen, ist ein gut einsetzbares Mittel gegen Beleidigungen.

B ☐ Als Außenstehender kann man schlecht einschätzen, ob ein Beitrag beleidigend gemeint ist.

C ☐ Jeder spürt, was nicht okay ist: Das Recht auf freie Meinungsäußerung endet, wo andere verletzt werden.

D ☐ Es gibt ein umfassendes Recht auf freie Meinungsäußerung.

E ☐ Wer eingreift, stachelt den Angreifer erst richtig an.

F ☐ Es ist wichtig, dem Angegriffenen beizustehen, weil eine öffentliche Beleidigung sehr schmerzen kann.

Eigenes Argument: G _____

_____

_____

Überzeugende **Beispiele** machen ein Argument anschaulicher, z. B.:
– eine eigene **Erfahrung** oder eine **nachvollziehbare Erläuterung,** warum etwas sinnvoll ist oder nicht,
– ein **Beleg** aus der Zeitung oder ein **Zitat** von einem Experten/einer Expertin.

6 a Kreuze die Beispiele an, die zu deinen Argumenten von Aufgabe 5 b passen.
b Schreibe zwei weitere Beispiele auf, die zu dem dritten dort angekreuzten und zu deinem eigenen Argument passen.

1 ☐ In vielen Foren wurden zum Beispiel so genannte Emergency-Buttons („Beitrag melden") eingeführt. Damit kann wirklich jeder anonym einen beleidigenden Beitrag melden, ohne selbst in Gefahr zu geraten.

2 ☐ Studien zeigen, dass Beleidigungen und Drohungen im Internet tatsächlich auch körperliche Folgen haben können. Viele Opfer leiden unter Schlafstörungen oder haben Panikattacken.

3 ☐ Nehmen wir das Grundgesetz als Beispiel, das steht in Artikel 5: Jeder hat das Recht, seine Meinung in Wort, Schrift und Bild frei zu äußern und zu verbreiten und sich aus allgemein zugänglichen Quellen ungehindert zu unterrichten. [...] Eine Zensur findet nicht statt.

4 ☐ Manni, der Moderator in einem Forum ist, hat beispielsweise berichtet, dass er bereits in vielen Situationen eingegriffen habe, aber meist habe es nicht viel gebracht.

5 _____

6 _____

7 Wähle zwei der Argumente aus, die deinen Standpunkt stützen, und verknüpfe sie sprachlich mit dem dazu passenden Beispiel.

_____

Argument und Beispiel wirken überzeugender, wenn sie sprachlich gut verknüpft sind. Formulierungshilfen für die **Verknüpfung von Argument und Beispiel:**
*Dies zeigt/belegt eine Aussage von ...; Jeder von uns hat sicher auch schon einmal erlebt, dass ...,
Dies zeigt sich zum Beispiel an ...; beispielsweise ...;
Erst neulich las ich in ..., dass ...; Unterstützend lässt sich ... heranziehen; daher; deshalb; wenn ..., dann ...;
Das sieht man daran, dass ...; Wie zum Beispiel ...*

Eine Argumentationskette aufbauen

Ordne die Argumente in der **Argumentationskette** sinnvoll. Es kann z. B. das erste oder das letzte Argument besonders schlagkräftig sein.

1 a Bringe die in Aufgabe 5 (Seite 31) angekreuzten Argumente
sowie dein eigenes Argument in eine Reihenfolge,
die du überzeugend findest: Trage die Buchstaben ein.

b Umkreise das Argument, das du für besonders überzeugend hältst.

Argumentationskette

Meinung

1	Argument mit Beispiel ☐

2	Argument mit Beispiel ☐

3	Argument mit Beispiel ☐

Die Stellungnahme sprachlich gestalten

1 a Formuliere eine <u>Einleitung</u>.
Gehe dabei darauf ein, dass jeder dritte Jugendliche
bereits Erfahrung mit Beleidigungen
im Internet gemacht hat.

Führe in der **Einleitung** in das Thema ein: Nenne
z. B. den Anlass oder die Absicht deiner Stellungnahme oder wecke Interesse für das Thema, z. B.:
Mit Interesse habe ich ...; Im Blog wird eine ...

> *Mit Interesse habe ich im Blog eure Kommentare über digitale Zivilcourage*
>
> *verfolgt. Das ist ein spannendes Thema,*

Leite zum Hauptteil über: Du kannst die Diskussionsfrage nennen oder kurz deinen Standpunkt darlegen,
aber noch ohne Begründung.
Mögliche **Überleitungen zum Hauptteil:** *Im Folgenden möchte ich zu der Frage Stellung nehmen, ...;
Meiner Meinung nach ...; Es lohnt sich, einmal darüber nachzudenken, ob ...; Weil ich selbst ..., möchte ich
im Folgenden meine Position ...*

b Formuliere eine Überleitung zum <u>Hauptteil</u>, die die Streitfrage benennt.

Im Folgenden möchte auch ich deshalb zu der Frage Stellung nehmen, ob

Im Hauptteil begründest du deine **Meinung,** indem du **(mindestens zwei) Argumente mit Beispielen** nennst, die sie unterstützen.

– Mache den Zusammenhang deiner Argumentation deutlich, indem du die Argumente und Beispiele **sprachlich geschickt einleitest** und **miteinander verknüpfst,** z.B.: *Ein Argument, das für ... spricht, ist ...; Das entscheidende Argument für mich ist ...; Außerdem sollte man bedenken, dass ...; Dies zeigt/belegt deutlich, dass ...; zudem; außerdem; deshalb.*

– **Ordne die Argumente sinnvoll:** Es kann das erste oder das letzte Argument, das du nennst, besonders überzeugend sein, z.B.: *Besonders wichtig ist ...; Es gibt noch ein wichtigeres Argument ...*

2 **a Lies die folgende Argumentation aus einem weiteren Kommentar.**

Ich finde es wichtig, dass man andere Menschen unterstützt. Jemand, der heftig beleidigt wird, schafft es oft nicht mehr, sich zu wehren und zu schützen. Etwas Zuwendung zu bekommen und sich nicht allein zu fühlen, hilft oft schon aus der Schockstarre heraus. Bleiben Opfer allein, verkriechen sie sich in sich selbst.

Ich möchte hervorheben, dass es im Internet besonders leichtfällt, jemanden bloßzustellen oder zu kränken. Man begegnet ihm meist ja nicht persönlich. Man sollte den Moderatoren eines Forums die beleidigenden Kommentare zeitnah melden. Ich selbst habe schon erlebt, dass das ganz gut klappt.

Ich halte die im Internet digital ausgeübte Gewalt für gefährlich. Sie kann schnell zu einer realen Gefahr werden. Untersuchungen zeigen zweifelsfrei, dass sich Mobbing im Internet negativ auf den Gesundheitszustand der Opfer auswirken kann.

b Kreuze an: Was ist hier gut gelungen, was noch nicht?

	gelungen	nicht gelungen
A sinnvolle Anordnung zu einer Argumentationskette	☐	☐
B Überleitung zwischen den Argumenten	☐	☐
C Verknüpfung der Argumente mit den Beispielen	☐	☐

c Überarbeite die Argumentation für den Hauptteil und schreibe die Verbesserung auf.

_____

_____

_____

_____

_____

_____

Da Argumente einen Standpunkt begründen, werden sie häufig in einem **kausalen Adverbialsatz** genannt, z.B.: *Ich bin gegen Eingreifen, **weil/da** das für den Betroffenen alles nur schlimmer macht.*
Auch eine **Satzreihe** ist möglich, z.B.: *Ich lehne jede Reaktion ab, **denn** damit bietet man den Täter noch mehr Angriffsfläche.*

3 Deine Argumentation wirkt überzeugender, wenn du ein Gegenargument nennst und entkräftest.

a Wähle eines der folgenden Argumente aus, um es zu entkräften. Kreuze an.

A ☐ Zivilcourage ist gerade im Netz notwendig, weil an anderer Stelle meist niemand hilft. Eltern/Lehrer wissen oft gar nicht, dass ihr Kind/ihr Schüler im Netz Anfeindungen und Beleidigungen ausgesetzt ist.

B ☐ Zivilcourage im Netz ist nicht ratsam, denn man wird schnell selbst zur Zielscheibe der Bedrohung.

C ☐ Eigenes Argument (Aufgabe 6 a, Seite 32):

_____

b Entkräfte das angekreuzte Argument: Du kannst die unten angebotenen Ideen dafür aufgreifen oder eigene Gegenargumente entwickeln. Schreibe die Argumentation auf und achte auf sinnvolle sprachliche Verknüpfungen.

> **Sprachliche Verknüpfungen für Gegenargumente:** *Es ist zwar nachvollziehbar, wenn .../Ich kann nachvollziehen, dass ... → Aber ich möchte dagegenhalten, dass ...; Sicherlich kann man einwenden, dass ... → Dennoch denke ich, dass .../Obwohl ...denken, dass ..., muss man doch berücksichtigen, dass .../Obwohl ... dennoch/trotzdem; auch wenn ...so ...; zwar ..., aber ...*

> Es gibt in vielen Internetforen Moderatoren, die sich professionell um die Einhaltung der Regeln kümmern.

> Es ist doch eine Pflicht, anderen zu helfen und darauf aufmerksam zu machen, dass auch Beleidigungen im Internet nicht in Ordnung sind.

_____

_____

_____

_____

_____

4 Bekräftige im <u>Schluss</u> noch einmal deinen Standpunkt oder formuliere eine Forderung, eine Bedingung oder einen Wunsch für die Zukunft. Wähle einen der angebotenen Satzanfänge und setze ihn fort.

> Aus diesen Gründen bin ich der Meinung, dass ... ▪ Ich fände es wirklich gut, wenn ... ▪
> Ich würde mir wünschen, dass ... ▪ Wenn ..., fände ich es ... ▪ Falls ..., könnte ich mir vorstellen ...

_____

_____

_____

Überarbeiten: Einleitungen, Überleitungen und Verknüpfungen

 **1** Lies diesen Kommentar zur Streitfrage „Ist digitale Zivilcourage sinnvoll oder nicht?" für ein Internetforum für Schüler/-innen zu schreiben.

a Kläre den Standpunkt und kreuze an.

Der Kommentar tritt [ ] für / [ ] gegen digitale Zivilcourage ein.

b Überarbeite den Text: Wähle in den Tippkästen auf den Seiten 33 bis 35 passende Formulierungshilfen aus und trage sie in die Lücken ein.

_____ , dass ihr über digitale Zivilcourage diskutiert. Ich

halte das für ein wichtiges Thema, _____ ich manchmal das Gefühl habe, dass Beleidigungen

im Netz zu einer Art Volkssport werden. _____ möchte ich deshalb zu der

Frage Stellung nehmen, ob man eingreifen sollte, wenn jemand im Internet angefeindet oder abgewertet

wird. _____ ist es nicht sinnvoll, auf Beleidigungen einzugehen.

Ein Kommentar hilft nicht, _____ ein Mensch, der andere anonym kränken will, macht das

auch dann, wenn ich widerspreche. Das seht ihr _____ auch in diesem Schüler-

forum: Lest mal nach, was da über das Schulfest steht. _____ , dass

ein Moderator im Forum diese Aufgabe übernehmen sollte, _____ hat neulich ein

solcher Moderator in einem Interview betont, dass sich viele dann geradezu herausgefordert fühlen,

noch aggressivere Kommentare zu posten. ...

 **2** **a** Schreibe einen Kommentar zur Streitfrage: Ist digitale Zivilcourage sinnvoll oder nicht?
Greife mindestens zwei Argumente auf und entkräfte ein Gegenargument. Schreibe ins Heft.

b Überarbeite deinen Kommentar mit Hilfe der Checkliste unten.

Eine Argumentation/Stellungnahme überarbeiten   **Checkliste**

Das ist mir gelungen.   **Das muss ich so verbessern: ...**

– Ist **einleitend** dein **Standpunkt** genannt?

– Sind die **Argumente** und **Beispiele** sinnvoll angeordnet?

– Ist ein möglicher Einwand **(Gegenargument)** entkräftet?

– Ist die Argumentationskette erkennbar?
  Wurden die Argumente sprachlich sinnvoll **eingeleitet**
  bzw. **verknüpft**?

– Geht der **Schluss** auf den Standpunkt ein oder wurde
  ein Vorschlag/Wunsch, eine Bedingung formuliert?

– Sind **Rechtschreibung** und **Zeichensetzung** richtig?

Richtig schreiben: Strategien und Regeln kennen

1 Wie sicher bist du in der Rechtschreibung? Bearbeite die folgenden Aufgaben.

Kann ich die Strategien und Regeln anwenden?   **Fragebogen** **?**

Unklare Schreibweisen durch Strategiewissen klären

1. Sprich die folgenden Wörter deutlich und trage sie bei der passenden Strategie in die Tabelle ein.

still · Argumentation · reglos · Begriff · Handwerk · Abgrund · wundersam · Zollbeamter · Marzipan

Fehler in der Groß- und Kleinschreibung erkennen und verbessern

2. Markiere im folgenden Text sieben Wörter gelb, die großgeschrieben werden müssen.

Wladimir Kaminer

Vom Wesen der deutschen Sprache (2007)

VORSICHT FEHLER!

Die deutsche Sprache hat einen Vorteil, der unbestritten ist und keiner anderen Sprache so umfangreich gewährt wird: Deutsch ist lang und kann nach belieben immer längerwerden. Die freiheit des wortzusammensetzens steht zwar nicht im grundgesetz, wird aber von allen Bevölkerungsgruppen oft und gerne in anspruch genommen. Wie mit einem Lego Baukasten mühelos aus einem Krokodil
5 ein Flamingo gebaut werden kann, so lässt sich jedes deutsche Wort mit einem anderen zusammen stecken, sogar mit einem ausländischen, da sind die deutschen Wörter total offen.
Die Redewendungen, die dabei entstehen, sind zwar nicht unbedingt im duden zu finden, dafür aber werden sie sofort von allen verstanden. Der Nachteil ist: Als Ausländer lernt man diese Sprache nie aus. Der Vorteil: Man kann im deutschen zur Not alles mit einem Wort sagen.
10 Im Netz streiten sich die Internet Nutzer oft darüber, was das längste deutsche Wort ist – sie streiten erfolglos. Denn jedes Mal, wenn einer einen Vorschlag macht, setzt ein anderer das Wort fort und so geht es immer weiter, bis das Wort nicht mehr ins Internet passt und aus dem Rechner heraus fällt. Dann heißt es Computerwortausfall – und basta.

Fehler in der Getrennt- und Zusammenschreibung erkennen und verbessern

3. Markiere im Text oben fünf Wörter grün, die Fehler in der Getrennt- und Zusammenschreibung enthalten. Schreibe diese Wörter verbessert auf.

_____   _____

_____   _____

2 Überprüfe deine Ergebnisse mit Hilfe des Lösungshefts. Schätze ein, wo du unsicher bist, und trainiere weiter:

Zu 1. ▶ Seiten 38–41   Zu 2. ▶ Seiten 42–43   Zu 3. ▶ Seiten 44–45

Strategie: Schwingen

Wörter deutlich in Silben lesen und Einsilber verlängern

1
a Lies die folgenden Wörter deutlich in Silben.
b Was hast du festgestellt? Kreuze unten an.

finden · der Moment · wunderbar · die Lampe · rennen · laufen · die Presse · genau · die Kultur · der Laden

A ☐ Man schreibt diese Wörter, wie man sie spricht.

B ☐ Man schreibt diese Wörter anders, als man sie spricht.

2
a Trage in der zweiten Zeile Reimwörter ein.
b Prüfe: Wo schreibt man anders, als man spricht? Markiere die Problemstelle.
c Schreibe für jedes Wort eine zweisilbige Form auf, die die Schreibweise klärt.
d Was hast du festgestellt? Kreuze unten an.

Stab _____   Land _____   klug _____

Tra__ _____   Ra___ _____   Fl__ _____

A ☐ In diesen einsilbigen Wörtern gibt es am Ende unklare Stellen.

B ☐ Verlängert man das Wort zu einem Zweisilber, kann man es schwingen.

C ☐ Bei einem Zweisilber hört man beim Sprechen in Silben, wie die Problemstelle geschrieben wird.

3 Bei Personalformen in der 3. Person Singular Präteritum gibt es häufig Problemstellen.
a Markiere in jeder der folgenden Personalformen die Problemstelle.
b Starke und schwache Verben verlängert man unterschiedlich: Gehe vor wie in den Beispielen und notiere Verlängerungswörter.
c Was hast du festgestellt? Kreuze unten jede zutreffende Aussage an.

schwache Verben:

er kannte *ken nen*   sie rannte _____   er wusste _____

sie lebte _____   er bebte _____   sie jagte _____

starke Verben:

er flog *wir flogen*   er log _____   es gab _____

sie stritt *wir*   sie schnitt _____   es kniff _____

A ☐ Die Endung -te am Wortende gehört zur Personalform schwacher Verben.

B ☐ Um schwache Verben zu verlängern, bildet man den Infinitiv.

C ☐ Bei starken Verben verlängert man in der Vergangenheitsform.

D ☐ Um starke Verben zu verlängern, bildet man den Infinitiv.

Strategie: Zerlegen

Verlängerungsstellen in zusammengesetzten Wörtern erkennen

1 Besonders in Referaten sind häufig schwierige Wörter zu schreiben. Kläre ihre Schreibweise mit den Strategien.

a Kreuze an: Welche der folgenden Wörter schreibt man so, wie man sie spricht?

b Markiere in den anderen Wörtern mögliche Problemstellen.
Kläre ihre Schreibweise, wie im Beispiel vorgegeben.

A ☐ Textilfasern ☐ Tandemwalze ☐ Banknotenprüfsensoren

B ☐ Bandweber ☐ Gummiradwalze ☐ Gewinnstreben

Band ↷ | weber – die Bänder, _____

c Was hast du festgestellt? Kreuze für jede Aussage an,
ob sie zutrifft oder nicht zutrifft.

	trifft zu	trifft nicht zu
A Die Wörter der Reihe A schreibt man, wie man sie spricht.	☐	☐
B Die Wörter der Reihe B schreibt man, wie man sie spricht.	☐	☐
C In den Wörtern der Reihe B muss man versteckte Verlängerungswörter suchen.	☐	☐

2 a Lies den Auszug aus einem Referat im Fach Chemie und notiere, worüber es informiert.

Das Referat informiert über _____

b Markiere in den fett gesetzten Wörtern Problemstellen.

Der Natur abgeschaut – Fasern und ihre Eigenschaften

Moderne **Kunststofffasern** gehören zum Alltag. Es gibt viele
Verwendungsbeispiele: Ein bekanntes sind die **Nylonstrümpfe**, die in
den 1940er-Jahren erstmals teure **Seidenprodukte** ersetzten. Heut-
zutage gibt es vielfältige **Einsatzmöglichkeiten** für künstlich erzeugte
Fasern. Die Natur lieferte die Ideen: Man wollte zum Beispiel die **Felleigenschaften** von Tieren erzeugen.
Die neuen Materialien wirken isolierend, sind **reißfest**, ultraleicht, stromleitend und vieles mehr.
Andere Materialien wiegen extrem wenig: **Heißluftballone** bestehen aus 600 reißfesten, superleichten
Stoffsegmenten. Faserverbundwerkstoffe erhöhen die Sicherheit in **Flugzeugen**, die im **Notfall** sanft landen,
statt in der Luft zu zerbrechen.

c Schreibe Wörter mit Problemstellen mit den Verlängerungswörtern ins Heft. Das Beispiel zeigt, wie.

Kunst | stoff ↷ | fasern – die Stof fe

Fremdwörter richtig schreiben

1 Lies die Fremdwörter deutlich und markiere
die besonderen Laut-Buchstaben-Zuordnungen.

Fremdwörter sind häufig **Merkwörter:**
Es gibt viele besondere Laut-Buchstaben-Zuordnungen, die man sich merken muss.

Mokka   Theater   Phänomen   System

Apotheke   Trekking   Zyste   Phase

2 **a** Markiere im Worträtsel weitere 12 Fremdwörter waagerecht und drei Fremdwörter senkrecht.

b Trage sie geordnet in die Übersicht ein: Achte auf die besonderen Laut-Buchstaben-Zuordnungen.

c Schreibe die Wörter ins Heft und notiere ihre Bedeutung.
Tipp: Wenn du sie nicht kennst, schlage in einem Wörterbuch nach.

V	T	G	G	Y	M	N	A	S	I	U	M	G	S
H	R	E	W	M	E	T	A	P	H	E	R	W	Y
A	K	K	U	X	A	K	K	U	R	A	T	O	L
O	B	G	A	P	O	T	H	E	K	E	R	B	T
T	H	E	A	T	E	R	M	C	D	X	S	S	E
D	V	X	A	K	K	O	R	D	E	O	N	F	T
Y	S	W	A	L	P	H	A	B	E	T	P	X	H
Z	Y	T	H	E	R	M	O	M	E	T	E	R	Y
A	M	A	R	Y	L	L	I	S	H	B	I	V	M
W	B	D	Q	A	M	P	H	O	R	E	Z	A	I
Z	O	A	K	K	U	S	A	T	I	V	C	J	A
S	L	A	X	M	B	R	O	K	K	O	L	I	N

Wörter mit th:

_____

_____

_____

_____

Wörter mit ph:

_____

_____

_____

_____

Wörter mit y:

*Gymnasium*_____

_____

_____

_____

_____

Wörter mit kk:

_____

_____

_____

_____

_____

3 **a** Kreuze unten Fremdwörter an, für die mehrere Schreibweisen möglich sind.
Tipp: Prüfe mit Hilfe eines Wörterbuches.

b Schreibe für die angekreuzten Fremdwörter alle erlaubten Schreibweisen in dein Heft.

☐ die Phonetik   ☐ der Delphin   ☐ der Philodendron   ☐ das Photo   ☐ das Theater

☐ die Graphik   ☐ die Metapher   ☐ die Spaghetti   ☐ der Joghurt   ☐ der Thunfisch

Doppelte Konsonanten

Auf die erste Silbe kommt es an

1
a Zeichne Silbenbögen unter die folgenden Wörter.
b Markiere die erste (betonte) Silbe <u>grün,</u> wenn sie mit einem Vokal endet. Dann nennt man sie offen.
   Umkreise in den übrigen Wörtern die Konsonanten an der Silbengrenze.
c Trage alle Wörter richtig in die Tabelle unten ein.

die Betten   beten   die Bärte   die Hüte   die Schwämme   schwärmen

Die erste (betonte) Silbe ist offen.	Die erste (betonte) Silbe ist geschlossen.	
	Silbengrenze: zwei gleiche Konsonanten	Silbengrenze: zwei verschiedene Konsonanten
_____	_____	_____
_____	_____	_____

2
a Markiere in der Wortschlange sieben
   zusammengesetzte Wörter mit drei gleichen Konsonanten.
b Zerlege sie und schreibe die Verlängerungswörter zur
   Begründung der Schreibweise auf.

Die Konsonanten-
verdopplung bleibt
in Einsilbern und Wort-
zusammensetzungen
erhalten.

FRESSSACKFRESSPAKETBETTLAKENBETTTUCHROLLGURTEROLLLADEN

KONTROLLPLATZKONTROLLLAMPEBRENNPUNKTBRENNNESSEL

FELLFARBEFELLLÄNGESCHWIMMBECKENSCHWIMMMEISTER

_____

_____

_____

3 Bei starken (unregelmäßigen) Verben ändert sich der Vokal im Verbstamm.

a Setze den oder die fehlenden Konsonanten ein: einfach oder doppelt?
b Verbinde die Wörter mit der Verbform, die ihre Schreibweise erklärt.

pfeifen – wir pfiffen	messen – wir maßen
f/ff: Pfei___konzert – Schlusspfi___ – Pfei___ton	ß/ss: Me___ergbnis – Ma___schuhe – Me___station
fressen – sie fraßen	treten – du trittst
ß/ss: Fre___napf – Fra___spuren – Fre___korb	t/tt: Tri___sicherheit – Tre___mine – Fußtri___

Nomen und Nominalisierungen erkennen

Die Nomenproben durchführen

> Verben und Adjektive schreibt man groß, wenn sie im Satz wie Nomen gebraucht werden. Dies nennt man Nominalisierung. **Nominalisierungen** erkennt man wie alle anderen **Nomen** an ihren **Begleitwörtern**.

1 Wenn du beim Schreiben unsicher bist, ob ein Wort ein Nomen oder eine Nominalisierung ist und darum großgeschrieben werden muss, helfen dir drei Nomenproben.
a Unterstreiche in den Beispielen zu den Proben die Nomen und Nominalisierungen.
b Umkreise zu jedem Nomen das Begleitwort.

Probe 1: Vor ein Nomen kannst du einen **Artikel** *(die/eine* Freude) oder ein **Pronomen** *(diese/meine* Freude) setzen.

A Ich liebe besonders die Karussells.

Kannst du ein Begleitwort einsetzen, ohne dass sich der Satz verändert, handelt es sich um ein Nomen.

B Ich liebe (das) Karussellfahren.

Probe 2: Nomen kannst du durch ein (oder mehrere) **Adjektiv(e)** beschreiben.

C Ich liebe moderne Karussells.

Probe 3: Nomen kann man **zählen** oder mit einer **Menge** angeben.

D Viele Karussells gehören für mich zu Jahrmärkten dazu.

2 Erweitere den folgenden Satz, indem du bei den Nominalisierungen Nomenproben durchführst.

In **Riesenrädern** ist **Kreischen** und **Schreien** selten geworden.

Probe 1 – Artikelprobe: _____

Probe 2 – Adjektivprobe: _____

Probe 3 – Zählprobe: _____

3 Setze die Wörter in den Klammern richtig ein: Prüfe die Großschreibung mit den Proben.

Riesenräder – moderne Giganten

Früher waren Riesenräder etwas ganz (BESONDERES) _____ . Das (AUFBAUEN)

_____ lohnte nur auf großen Rummelplätzen. Gemütlich drehte ein Rad seine (RUNDEN)

_____ mitten im Trubel. Oben konnte man weit (SCHAUEN) _____ , nur

das (DREHEN) _____ der Gondeln liebte nicht jeder Gast. Heute stehen Riesenräder

in vielen Großstädten, weil man sich von ihnen ein (ANKURBELN) _____

des Tourismus erhofft. Geschlossene Gondeln erlauben ungestörtes (BETRACHTEN) _____

der Umgebung. Nur (EINSTEIGEN) _____ ist aufregend, denn das Rad dreht weiter.

Tageszeiten und Wochentage richtig schreiben

1 a Markiere in den Sätzen alle Wörter und Wendungen, die Tageszeiten angeben.
b Umkreise bei Großschreibung die Begleitwörter des Nomens.

Wer morgens gern früh aufsteht, hat mehr vom Tag, denn man kann am frühen Morgen viel schaffen.

In der Frühe stört meistens niemand, weil viele den Morgen noch zur Nacht zählen und schlafen. Dafür gibt

es nachts aber auch viele Menschen, die wach sind und zum Beispiel arbeiten. Ich will des Nachts nicht gern

arbeiten, aber morgen mache ich mal eine Ausnahme und probiere, wie es ist, in der Nacht aufzubleiben.

2 a Kreuze für jede der folgenden Aussagen an, ob sie zutrifft oder nicht.
b Notiere unten für die Regeln A und B je ein Beispiel.

	trifft zu	trifft nicht zu
A Einige Tageszeiten werden großgeschrieben, man erkennt sie am Begleitwort.	☐	☐
B An einem *s* am Wortende erkennt man ein Adverb. Adverbien schreibt man klein.	☐	☐
C Zeitangaben wie *heute, morgen* sind Adverbien, man schreibt sie klein.	☐	☐

A _____

3 Die Aussagen von Aufgabe 2 gelten auch für die Angabe von Wochentagen.
Schreibe alle Angaben richtig auf.

AM MONTAG   NÄCHSTEN DIENSTAG   FREITAGS   JEDEN SONNTAG   AM DONNERSTAGABEND

_____

_____

4 Bringe den Lückentext in einen zeitlichen Zusammenhang, indem du Tageszeiten und Wochentage einträgst. Du kannst aus den angebotenen Zeitangaben auswählen.

> (am) Morgen · (am) Vormittag · (am) Nachmittag · (am Abend) · (in der) Nacht ·
> morgens · vormittags · mittags · nachmittags · spätnachmittags · abends · nachts

London Eye – Riesenrad in London

Das London Eye am Themse-Ufer bietet aus 135 Meter Höhe eine tolle Aussicht. Kommt man früh _____

_____ , liegt oft noch Nebel über dem Fluss. Etwas später am _____

steht man in einer langen Schlange, was bis _____ nicht besser wird. Bucht man

vorher im Internet, ist zu überlegen: Will man am _____ gehen oder lieber _____

_____ ? Vielleicht wäre _____ auch eine gute Wahl, denn

da verzaubern einen die Lichter der Großstadt.

Getrennt- und Zusammenschreibung

Zusammenschreibung: Zusammengesetzte Nomen

Neue Wörter kann man im Deutschen bilden, indem man **Wörter zusammensetzt,** z. B. **Nomen + Nomen.**
Mit Hilfe dieser neu gebildeten Wörter kann man Dinge und Sachverhalte genauer beschreiben, z. B.:
der Rundfunk + die Gebühr = die Rundfunkgebühr.

1

a Unterstreiche im Text 12 zusammengesetzte Nomen, die falsch geschrieben sind.

Bastian Sick

Dem Wahnsinn eine Lücke (2005)

Party Service, Video Spiele, Grill Imbiss, Garten Center – in der Welt da draußen gibt es alles, was das Herz begehrt. Nur keine Verbindlichkeit mehr. Im stetigen Streben nach Internationalität zerfällt un-
5 sere Mutter Sprache zusehends in ihre Einzel Teile. Da stehe ich nun in diesem Laden, den man unter normalen Umständen als Stehcafé bezeichnen würde, und starre betroffen auf meinen Milchkaffee. Der Laden selbst nennt sich „Steh Café", in zwei Wör-
10 tern. Steh – gähnende Leere – Café. Ich habe versucht, mir einzureden, dass da früher mal ein Bindestrich war, der heruntergefallen ist. So etwas kommt ja vor. So wie auch Neonbuchstaben von Hotels und Geschäften gelegentlich mal ausfallen und man
15 dann nur noch „OTEL" oder „OUTIQUE" liest und rasch weitergeht. Aber da war kein Bindestrich. Das

„Steh Café" ist nie ein „Steh-Café" gewesen. Den Beweis liefert die Getränkekarte. Was da vor mir auf dem Tisch steht, ist laut Karte nämlich gar kein Milchkaffee, sondern ein „Milch Kaffee". Dabei wird 20 auf einem kleinen Zettel im Schaufenster sogar noch eine „Tassekaffee" angeboten.

Ganz offensichtlich hat der Besitzer des Ladens ein Problem mit der Zusammen- und Getrenntschreibung. Und er ist bei Weitem nicht der Einzige. Un- 25 sere Städte sind gepflastert mit zerrissenen Begriffen wie „Auto Wäsche", „Kosmetik Studio" und „Kunden Parkplatz".

b Schreibe die zusammengesetzten Nomen richtig auf.

_____

_____

_____

_____

c Umkreise im Text sechs zusammengesetzte Nomen, die richtig geschrieben sind.

Getrenntschreibung: Wortgruppen mit Verben

Wortgruppen aus …
- **Nomen + Verb** können **immer getrennt** geschrieben werden,
  z. B. *Zähne putzen.* **Aber:** Nominalisiert schreibt man sie zusammen und groß, z. B.:
  Die meisten Kinder hassen (das) Zähneputzen.
- **Verb + Verb** können **immer getrennt** geschrieben werden, z. B.: *schreiben lernen.*
- **Adjektiv + Verb** werden **meist getrennt** geschrieben, z. B.: *übrig bleiben, freundlich tun, gut verdienen,*
  klar denken. **Aber:** Wörter mit neuer Gesamtbedeutung schreibt man zusammen, z. B.:
  richtigstellen (= berichtigen), *schwerfallen* (= Mühe bereiten).

Verbindungen …
- **mit „sein"** werden **immer getrennt** geschrieben, z. B.: *da sein, leid sein, zurück sein, froh sein.*

1
a Lies das Merkwissen oben genau durch.
b Ordne die folgenden Wortgruppen in die Übersicht unten ein.

> Eis essen · dabei sein · laufen lernen · Schlittschuh laufen · rechnen können · gelassen sein ·
>
> Muskeln trainieren · bereit sein · spazieren gehen · Handball spielen · fahren üben · fertig sein

Nomen + Verb	Verb + Verb	Verbindungen mit „sein"
_____	_____	_____
_____	_____	_____
_____	_____	_____
_____	_____	_____

2 Setze die angebotenen Wortgruppen
aus <u>Verb + Verb</u> richtig ein.
Prüfe: Handelt es sich um eine Nominalisierung?

> **Achtung:**
> **Nominalisiert** schreibt man **Wortgruppen**
> **aus Verb + Verb zusammen und groß,** z. B.:
> *Grundschüler finden (das) Schreibenlernen meist*
> *spannend.* Wende die **Nomenproben** an
> (▶ Seite 42).

Wir werden im Urlaub mit dem *Rad fahren* , denn das *Radfahren* macht uns allen Spaß. Ein tolles

Hobby ist auch Fußball + spielen _____ . Es wird von sehr vielen Jugendlichen

ausgeübt, wohingegen weniger das gefährlichere Eishockey + trainieren _____ .

Wenn ich im Sommer mit dem Fahrrad + fahren _____ , denke ich oft

ganz bald ans Eis + essen _____ . Wenn wir nach dem Rad + fahren

_____ ein leckeres Eis + essen , _____ bin ich glücklich.

Zeichensetzung

Das Komma bei Aufzählungen

1
a Unterstreiche in jedem der beiden Sätze die Aufzählungen.
b Ordne unten den Regeln zur Kommasetzung bei Aufzählungen den Satz zu, auf den sie zutrifft. Notiere dort Buchstaben.

A An der Entwicklung von Brücken arbeitet der Mensch schon lange, weil er mit ihrer Hilfe Flüsse, Meerengen, Täler, Berge sowie Kontinente überwinden wollte und immer noch will.

B Er entwickelte einfache Holzbrücken, hohe Brücken auf Stelzen, schwindelerregende Hängebrücken, aber auch weitreichende Spannbrücken.

1 _____ In Aufzählungen steht vor den einschränkenden Konjunktionen *aber, jedoch, sondern, doch* ein Komma.

2 _____ Aufgezählte Wörter oder Wortgruppen werden durch Kommas abgetrennt. Kein Komma steht vor nebenordnenden Konjunktionen wie z. B. *und, oder, sowie, entweder ... oder, sowohl ... als auch.*

2
a Markiere im folgenden Text alle Aufzählungen.
b Setze die 17 fehlenden Kommas.

Brücken – Auf der Jagd nach Rekorden

Der Bau von Brücken gilt als große Herausforderung für Verkehrsplaner Konstrukteure und Ingenieure. Sie ermöglichten früher mit ihren ge-
5 wagten Bauwerken eine günstige Führung von Wasserleitungen eine Hindernisüberquerung für Fußgänger und direkte Verbindungen für den Handel. Mit den Baustoffen Holz Stein und Ziegel waren den Erbauern Grenzen gesetzt, die durch moderne Materialien wie Beton Stahl Tex-
10 tilfasern und andere Verbundwerkstoffe erweitert werden. Brücken für direkte Straßenverbindungen breite Autobahnen klare Linienführung der Eisenbahn und günstige Streckenführung von Pipelines machen auch neue Konstruktionen nötig.
15 Galten früher die Brücken der Römer mit einer Spannweite von bis zu 36 Meter als großartige Bauwerke, so wirken sie angesichts der gigantischen modernen Brückenkonstruktionen bescheiden. Heute liefern sich Staaten wie China die
20 USA Japan die Schweiz und viele andere mehr einen Wettkampf um den Titel der größten Brücken. Dabei gibt es Kategorien wie die höchste Brücke die längste Brücke die längste Hängebrücke die längste Bogenbrücke die größte Brücke
25 der Welt oder die höchste Brücke in Europa.
In China machen sich die Brücken untereinander Konkurrenz in der Hitliste der Brückenbaukunst,

Die Qingdao-Brücke überspannt die Jiaozhou-Bucht in China (eröffnet 2011).

zum Beispiel in der Rangfolge der längsten über Wasser geführten Brücken: Die Meeresbrücke über die Hangzhou-Bucht verbindet die Städte
30 Jiaxing und Ningbo ist 36 Kilometer lang und hielt seit 2008 den Weltrekord. Den hat nun die Brücke Qingdao erobert. Sie ist mit ihren Autobahnausläufern 41,48 Kilometer lang hat fast die Länge einer Marathonstrecke führt 36,48 Kilome-
35 ter über eine Meeresbucht und ist damit ca. 400 Meter länger als die vom ersten Platz verdrängte Brücke. Ihr Rekord soll aber nur bis 2016 halten. Da soll dann eine Brücke eröffnet werden, die die Städte Hongkong und Macao mit dem chine-
40 sischen Festland verbindet und 50 Kilometer über Wasser führt.

Das Komma in Satzreihen

> Eine **Satzreihe** besteht aus zwei oder mehr Hauptsätzen.

1 Ordne jedem Satz die unten folgende Regel zur Kommasetzung in Satzreihen zu, die auf ihn zutrifft. Notiere die Ziffer neben dem Satz.

Städte im und auf dem Wasser

A Venedig gehört zu den bekanntesten Städten Italiens, die Altstadt steht im Wasser. [_____]

B Sie wurde auf mehr als 100 Inseln erbaut (,) und Mauern und Holzpfähle schützen sie gegen das Wasser. [_____]

C Die Versorgung der Stadt erfolgt zum großen Teil mit Hilfe von Booten, denn die Wasserwege sind immer noch wichtige Verkehrsachsen. [_____]

D 1500 Jahre lang ging das gut, aber inzwischen ist die Stadt sehr gefährdet. [_____]

1 Wenn in Satzreihen Hauptsätze durch die nebenordnenden Konjunktionen *aber, dennoch, jedoch, denn* eingeleitet werden, werden sie durch ein Komma abgetrennt.

2 In einer Satzreihe werden die einzelnen Hauptsätze durch Kommas getrennt.

3 Vor *und* bzw. *oder* in einer Satzreihe kann man ein Komma setzen, muss es aber nicht.

2 Verbinde die folgenden Hauptsätze zu Satzreihen: Wähle, wo sinnvoll, nebenordnende Konjunktionen aus und denke an die Kommasetzung.

und · denn · aber

A Die Folgen des Klimawandels machen Venedig Probleme. Der Wasserpegel steigt.
Das Hochwasser bedroht die alten Gebäude mehrfach im Jahr.

_____

_____

B Die Gebäude sind durch metertiefe Verankerungen im Boden gesichert.
Das war vor 1500 Jahren eine unvorstellbare Leistung der Baumeister.

_____

_____

_____

C Die Stadt hat in der Vergangenheit gut existieren können. Heute gibt der Boden unter den Gebäuden nach.
Die Fundamente werden unterspült. In den letzten 100 Jahren sank die Stadt 23 Zentimeter ab.

_____

_____

_____

Das Komma in Satzgefügen

Ein **Satzgefüge** besteht aus mindestens einem Hauptsatz (Hs) und einem Nebensatz (Ns). Der Nebensatz wird mit einer unterordnenden Konjunktion (z. B. *weil, dass, nachdem, wenn*) oder mit einem Relativpronomen (z. B. *der, die, das, welches*) eingeleitet. Die Personalform des Verbs steht am Schluss des Nebensatzes.

 1
a Markiere in den folgenden Satzgefügen den Nebensatz.
b Unterstreiche unterordnende Konjunktionen oder Relativpronomen.
c Umkreise im Nebensatz die Personalform des Verbs.

Wasserstädte als Zukunftsmodelle

Die Niederlande haben, weil ihr Land zu einem großen Teil unter dem Meeresspiegel liegt, Probleme mit dem Schutz gegen Hochwasser. Lange wollten sie sich schützen, indem sie immer stärkere Deiche und Absperrungen errichteten. Weil das aber technisch kaum mehr zu machen ist, gehen sie andere Wege. Die Niederlande sind führend in einer Architektur, die ganze Stadtteile im Wasser errichten will.

 2
a Verbinde die folgenden Teilsätze zu sinnvollen Satzgefügen. Ziehe Linien.
b Schreibe die Satzgefüge ins Heft, denke an die Kommasetzung.
c Unterstreiche in deinen Satzgefügen die Nebensätze.

A Weil der Meeresspiegel in den nächsten 100 Jahren um 1,30 Meter steigen wird, …	a dass man das Problem nur durch Umdenken lösen kann.
B Der Druck des Wassers wächst, …	b ist ein Drittel der Niederlande von Überflutung bedroht.
C Wasserbauingenieure meinen, …	c errichtet man immer mehr auf dem Wasser schwimmenden Wohn- und Arbeitsraum.
D Weil mehr Wasser mehr Platz braucht, …	d da auch die Flüsse wie der Rhein immer mehr Hochwasser mitbringen.
E Da der Mensch aber auch Raum braucht, …	e muss es sich ausreichend ausbreiten dürfen.

3
Überarbeite den folgenden Text: Verbinde die Hauptsätze zu vier Satzgefügen.
Achte auf Konjunktionen und Kommas.

Häuser auf dem Meer müssen aus leichten Materialien gebaut werden. Sie müssen schwimmen können. Man baut mit neuartigen Materialien wie Stahlskeletten. Diese verbrauchen weniger Material. Glas wiegt zu viel. Die Fenster sind aus ultraleichter Spezialfolie. Die Fundamente sind aus Styropor und Beton. Sie sind leichter als Wasser und wirken wie ein unsinkbarer Schwimmring.

Das oder *dass?*

1 a Lies die Sätze und setze ein: <u>das</u> oder <u>dass</u>?

b Markiere in jedem Satz mit einem Pfeil, auf welche Bezugswörter sich <u>das</u> bzw. <u>dass</u> bezieht.

Giganten der Lüfte

Das Flugzeug, _____ aus dem modernen Verkehr nicht

wegzudenken ist, verursacht enorme Abgase. [_____]

Das ist ein Problem, _____ in der Zukunft gelöst werden sollte. [_____]

Forscher arbeiten daran, _____ es in Zukunft sogar abgasfreie Flugzeuge geben wird. [_____]

Sie wollen außerdem erreichen, _____ die Flugzeuge der Zukunft

raketenschnell unterwegs sein werden. [_____]

Das Forschungsprojekt in Bremen, _____ es bereits seit Jahren gibt, [_____] setzt darauf,

_____ der Raketenantrieb die Lösung bringen wird. [_____]

Ein Flugzeug, _____ mit Raketenantrieb fliegt, startet senkrecht und

kippt in eine horizontale Lage, sobald die Raketentriebwerke abgebrannt sind. [_____]

c Schreibe hinter jeden Satz oben, ob Regel A oder B zutrifft.

A **Relativsätze** sind Nebensätze, die ein vorausgehendes Bezugswort (Nomen oder Pronomen) näher erklären. Sie werden mit einem **Relativpronomen** eingeleitet z. B. *das*. Vor dem Relativpronomen steht ein **Komma**.

B Werden Nebensätze mit der **unterordnenden Konjunktion** *dass* eingeleitet, steht im Hauptsatz oft ein Verb, auf den sich der Nebensatz bezieht, z. B.: *Man glaubt, dass ... – Es ist bekannt, dass ...* Vor der Konjunktion **dass** steht ein **Komma**.

2 a Verbinde die Hauptsätze mit den passenden Nebensätzen. Ziehe Linien und setze <u>das</u> oder <u>dass</u> ein.

b Schreibe die Sätze ins Heft. Denke an die Kommasetzung.

A Ein raketenangetriebenes Flugzeug ist darauf angewiesen,

B In 90 Minuten von Europa nach Australien fliegen kann nur ein Flugzeug,

C Ein wirtschaftliches Problem beim Raketenantrieb ergibt sich daraus,

D Kritiker klagen,

a _____ sich ein solches Spezialflugzeug nicht für kurze und mittlere Strecken eignet.

b _____ es in 80 Kilometer Höhe fliegen darf, um langsamere Maschinen nicht zu gefährden.

c _____ derart schnelle Flugzeuge ungeheuer viel Lärm machen.

d _____ von Raketentechnik angetrieben ist.

Die Kommasetzung in Infinitivsätzen

 1

a Markiere in den Sätzen die Infinitive.
b Trage hinter jedem Satz ein, welche der Regeln unten die Kommasetzung erklärt: 1, 2 oder 3?
c Markiere in jedem Satz das Wort/die Wörter, die die Kommasetzung bestimmen.

A Forscher arbeiten immer an der Weiterentwicklung von Autos, um sie zukunftsfähig zu machen. [_____]

B Ihr Ziel ist es, ein für den Fahrer denkendes Auto zu entwickeln. [_____]

C Anstatt sich in Staus zu verfahren, soll das moderne Auto selbstständig die beste Route suchen. [_____]

D Noch sind die Fahrer gefordert, als Fahrzeugführer die Verantwortung zu tragen. [_____]

E In Zukunft kann man den Autopiloten bitten(,) sie zu übernehmen. [_____]

1 Infinitivsätze **darf** man durch **Komma** vom Hauptsatz trennen. **Tipp:** Es empfiehlt sich, hier immer ein Komma zu setzen, weil es die Gliederung des Satzes verdeutlicht und niemals falsch ist.

2 Ein **Komma muss** stehen, wenn der Infinitivsatz durch *um, statt, anstatt, außer, als* **eingeleitet** wird.

3 Ein **Komma muss** stehen, wenn der Infinitivsatz von einem Nomen oder von einem hinweisenden Wort abhängt, wie z. B. *daran, darauf* oder *es*.

2

a Im folgenden Text fehlen 13 Kommas bei Infinitivsätzen. Ein weiteres kann gesetzt werden, muss aber nicht. Trage sie ein.
b Unterstreiche die Infinitivsätze, für die die Regeln 2 oder 3 gelten.

Das Auto der Zukunft

Forscher arbeiten daran den Autopiloten serientauglich zu machen. Ziel ist es auch Gesten des Fahrers zu verstehen. Noch ist der Zeitpunkt nicht absehbar, zu dem es gelingen wird den Fahrer komplett überflüssig zu machen. Aber es wird bald möglich sein ihm Teilaufgaben abzunehmen. Schon jetzt sind moderne Autos in der Lage viele Dinge selbstständig zu steuern.

Mit dem Autopiloten kann man auf engstem Raum bequem einparken anstatt selbst viel herumzukurbeln. Nur wenige Autos fahren schon heute ohne auf zumindest Unterstützung durch den Menschen am Steuer angewiesen zu sein.

Damit der Autopilot Gesten verstehen kann, wird es darauf ankommen diese vollkommen eindeutig zu gestalten. Schließlich ist er eine Maschine und nicht imstande weitreichende Interpretationen menschlichen Verhaltens zu leisten. Was bedeutet es, wenn der Fahrer sich über die Stirn streicht? Schwitzt er und wünscht darum die Klimaanlage zu verstellen? Oder denkt er an das was später in der Firma zu erledigen ist? Wie kann es ein Bordcomputer schaffen das alles richtig einzuordnen?

Es gibt viele Fragen, Antworten werden gesucht. Um zu verlässlichen Interpretationen zu kommen beobachten Innenraumkameras den Fahrer genauestens und berechnen sein voraussichtliches Verhalten. Das Auto lernt sogar Absichten zu erkennen. Es erkennt, ob der Fahrer in Kürze bremsen wird, und kann den Bremsweg verkürzen.

Überarbeiten: Rechtschreibung und Zeichensetzung

1 a Unterstreiche im Textauszug die Rechtschreibfehler.
b Trage die verbesserten Wörter unter dem entsprechenden Strategiezeichen ein.

Flugautos

James Bond fährt im Film immer Autos, die mehr können als herkömmliche PKW. In dem Film „Der Man mit dem goldenen Colt" kan er in Gefahrensituationen auf ein Flugauto zurück greifen, um zu Entkommen. In keinem Science-Fiction-Roman komt ein „normales" Auto vor, sondern höchst futuristische fortbewegungsmöglichkeiten. Autos haben Atom Reaktoren an Bord, bewegen sich automatisch auf Schienen und können sogar ab heben. Wer träumt nicht vom fliegen, davon, nie wieder im Stau zu stecken?

↪	xX	Getrennt- und Zusammenschreibung

2 Schreibe in die Lücken: <u>dass</u> oder <u>das</u>?

_____ Flugautos fahren und fliegen können, ist keine Utopie. Man kann verfolgen, _____ an ihrer Entwicklung intensiv gearbeitet wird. Bereits Henry Fords legendäres Fahrzeug „Thin Lizzy", _____ Symbol für die Massenproduktion von Autos schlechthin, war ein real gewordener Zukunftstraum. Warum also nicht auch fliegen? Im Laufe der letzten 100 Jahre wurden 2 200 Modelle entwickelt, _____ ist ein beachtlicher Erfolg. _____ 300 dieser Fahrzeuge ihre Flugtauglichkeit tatsächlich unter Beweis stellten, überrascht. Aber in Serie gehen diese Autos natürlich nicht. _____ heißt aber nicht, _____ Probleme nicht in Zukunft technisch gelöst werden können.

3 Lies den folgenden Text und setze die neun fehlenden Kommas.

Was reizt uns daran vom Fliegen zu träumen? Wir wären schneller wendiger und unabhängiger als wir es nun sind. Wenn Autos fliegen können dann benötigt man keine Straßen mehr. Der Luftraum ist groß es locken unendliche Weiten. Problematisch wäre es allerdings den Verkehr im Luftraum zu regeln. Es würden unübersehbar viele Autos starten sich fortbewegen landen oder parken. Zu bedenken wäre auch dass ein flugfähiges Fahrzeug sehr teuer wäre. Deshalb wird es wohl vorerst doch eine Fantasie bleiben mit dem Flugauto zum Einkaufen zu fliegen.

Besser schreiben und verstehen: Grammatik

1 Schätze dein Wissen ein: Kannst du Grammatikfehler vermeiden und sprachlich flüssig schreiben?
Prüfe im Fragebogen jeden Punkt und kreuze an, was du kannst und was nicht.

Was weiß ich über Grammatik?

Fragebogen

	Das kann ich.	Das kann ich nicht.	Hier kannst du es lernen.
Ich erkenne den Konjunktiv II, weiß, wofür er genutzt wird und wie man ihn bildet.	☐	☐	S. 53
Ich weiß, wann man den Konjunktiv II durch eine würde-Ersatzform ersetzen darf.	☐	☐	S. 54
Ich kenne den Konjunktiv I, weiß, wofür er verwendet wird und wie man ihn bildet.	☐	☐	S. 55
Ich kann einem Text ansehen, ob das Gesagte die Meinung des Autors ist oder ob er etwas wiedergibt, was andere gesagt haben	☐	☐	S. 55
Ich kann Äußerungen Dritter in indirekter Rede wiedergeben.	☐	☐	S. 56
Ich kenne andere Formen der Redewiedergabe und kann sie so nutzen, dass meine Texte abwechslungsreich werden.	☐	☐	S. 57–58
Ich weiß, was Modalverben sind, und kann Modalverben angemessen nutzen, um etwas auszudrücken.	☐	☐	S. 59
Ich kann auch in schwierigen Fällen das Subjekt und das Prädikat grammatisch aneinander anpassen.	☐	☐	S. 60
Ich kann auch für schwierige Fälle angemessene Satzanschlüsse finden.	☐	☐	S. 61
Ich kann einen Text überarbeiten: Ich kann Fehler im Bereich von Konjunktiv und Satzanschlüssen verbessern. Ich achte darauf, dass Subjekt und Prädikat im Satz grammatisch zusammenpassen.	☐	☐	S. 62–63

2 Werte den Fragebogen aus: Wo bist du unsicher?
Die Spalte rechts zeigt dir, auf welchen Seiten du gezielt trainieren kannst.

3 Markiere im folgenden Koordinatensystem mit zwei Kreuzen, wo du mit deinem Grammatikwissen stehst und was, bis zu welchem Zeitpunkt, dein Ziel ist:

bin sehr sicher		
mache selten Fehler		
habe Grundkenntnisse		
fühle mich unsicher		
Datum:		

Jetzt   Ziel

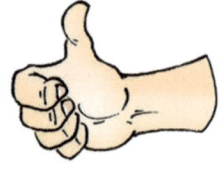

4 Arbeite den Fragebogen ein zweites Mal durch, nachdem du die Seiten 53 bis 63 bearbeitet hast.
Nimm nun einen <u>roten</u> Stift, dann siehst du sofort, wo du sicherer geworden bist.

Gedankenexperimente – Konjunktiv II

Unwahrscheinliches (Irreales) mit dem Konjunktiv II ausdrücken

1 Lies den Text über das Thema „Zeitreisen".

Sind Zeitreisen möglich?

<u>Könnte</u> es möglich sein, in die Vergangenheit oder in die Zukunft zu reisen?

Diese Frage beschäftigt die Menschen schon lange. Heute glauben Physiker:

Ja, in die Zukunft könnte man reisen. Eine Reise in die Vergangenheit dürfte allerdings nicht möglich sein.

Alfred Einsteins Relativitätstheorie, die er 1905 aufstellte, erklärt, dass die Zeit nicht gleichmäßig verläuft.

Ihr Ablauf ist auch abhängig davon, wie schnell man sich bewegt. Flöge etwa ein Astronaut mit Lichtge-

schwindigkeit zu einem fernen Stern, so wäre er nach seiner Rückkehr um Jahre jünger als sein Zwillings-

bruder, der auf der Erde bliebe. Der Astronaut wäre in die Zukunft gereist, doch sein Bruder wäre dort schon

angekommen.

2 Erkläre im Heft, warum Zeitreisen in die Zukunft theoretisch möglich sind.

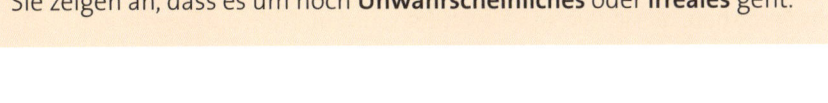

Zeitreisen in die Zukunft sind theoretisch möglich, weil die Zeit ...

> Im Text gibt es einige **Formen des Konjunktivs II,** z. B. „Könnte" (Z. 1).
> Sie zeigen an, dass es um noch **Unwahrscheinliches** oder **Irreales** geht.

3 Unterstreiche im Text von Aufgabe 1 sieben weitere Konjunktiv-II-Formen.

4 Ergänze die folgende Erklärung, wie der Konjunktiv II gebildet wird.

Der Konjunktiv II wird in der Regel abgeleitet vom _____ .

Bei unregelmäßigen Verben werden *a, o, u* im Wortstamm zu *ä, ö, ü.*

Beispiel: Indikativ Präteritum *er konnte* → Konjunktiv II: ___*er*_____

5 Setze jedes unterlegte Verb in der richtigen Personalform im Konjunktiv II ein.

Theoretisch _____ können wir also in die Zukunft fliegen, wenn wir sehr schnelle Raumschiffe

_____ haben. Aus der Zukunft _____ kommen wir aber niemals wieder in

die Gegenwart zurück, denn eine Reise zurück in die Vergangenheit _____ sein ja ausgeschlossen.

Die würde-Ersatzform richtig nutzen

1

a Lies den Text über Zeitreisen in die Vergangenheit.

b Welche der folgenden Aussagen fasst das Phänomen zusammen, das im Text erklärt wird? Kreuze an.

A ☐ Wer in Vergangenes eingreifen könnte, könnte damit seine eigene Geburt verhindern. Dann könnte er aber nicht mehr in Vergangenes eingreifen.

B ☐ Vergangenes ist vergangen und damit nicht mehr beeinflussbar.

Warum Zeitreisen in die Vergangenheit nicht möglich sind

Würde es die Möglichkeit einer Reise in die Vergangenheit geben, würde eine widersprüchliche Situation entstehen. Sagen wir, ein Reisender würde in der Vergangenheit seinen noch jungen Großvater besuchen und dieser würde beim erbetenen Fischessen an einer Gräte ersticken. Durch diesen unglücklichen Zufall würde der Reisende die Geburt seines eigenen Vaters verhindern und damit würde er auch seine eigene Geburt unmöglich machen. Widersinnig würde daran sein, dass der nicht geborene Reisende natürlich auch nicht in die Vergangenheit reisen können würde, um seinen Großvater zu besuchen.

2

a Unterstreiche im Text oben sieben weitere Ersatzformen für den Konjunktiv II mit „würde".

b Erinnere dich, wann man die würde-Ersatzform benutzen darf. Ergänze die Regel.

Man verwendet die Ersatzform mit „würde", wenn der Konjunktiv II nicht vom _____ zu unterscheiden ist.

Beispiel: Indikativ Präteritum: *er machte* = Konjunktiv II: *er machte* → Ersatzform: *er würde machen*

3 Prüfe für alle „würde"-Ersatzformen im Text oben, ob sie richtig verwendet wurden. Fülle die Tabelle aus.

würde-Ersatzform	Vergleich: Ind. Präteritum – Konjunktiv II	Richtig ist also:
es würde geben	es gab ≠ es gäbe	Konjunktiv II: es gäbe
es würde entstehen	es entstand ≠	
er würde besuchen	er besuchte = er besuchte	würde-Form: er würde besuchen
er würde ersticken		
er würde verhindern		
er würde ... machen		
es würde sein		
er würde reisen können		

Äußerungen wiedergeben – Konjunktiv I

1 Lies den Text in der linken Spalte über das Thema „Zeitreisen".

Der US-amerikanische Physiker Michio Kaku glaubt an Tarnumhänge, Gedankenübertragung und Zeitreisen.

Michio Kaku meint, man <u>müsse</u> drei Kategorien von Unmöglichkeit unterscheiden. **Kategorie I** umfasse alle Dinge, die zwar heute unmöglich seien, aber in den nächsten Jahren
5 möglich werden könnten. **Kategorie II** beinhalte alles, was noch weitere Jahrhunderte technischer Entwicklung brauche. Zeitreisen gehörten zu dieser zweiten Kategorie. Eine Unmöglichkeit der **Kategorie III** bleibe
10 dauerhaft unmöglich, weil sie gegen die Naturgesetze verstoße.

Michio Kaku sagt: „Man _MUSS_ drei Kategorien von Unmöglichkeiten unterscheiden. **Kategorie I** _____ alle Dinge, die zwar heute unmöglich _____ , aber in den nächsten Jahren möglich werden _____ . **Kategorie II** _____ alles, was noch weitere Jahrhunderte technischer Entwicklung _____ . Zeitreisen _____ zu dieser zweiten Kategorie. Eine Unmöglichkeit der **Kategorie III** _____ dauerhaft unmöglich, weil sie gegen die Naturgesetze _____ ."

2 Erkläre, warum Michio Kaku Zeitreisen als „Unmöglichkeit der Kategorie II" bezeichnet.

Zeitreisen sind jetzt unmöglich, später aber vielleicht dann doch möglich, denn _____

_____

_____

3 **a** Der Text in der linken Spalte gibt Aussagen von Michio Kaku in indirekter Rede wieder:
Unterstreiche weitere Verbformen im Konjunktiv.
b Gib seine Aussagen rechts als wörtliche Rede wieder: Setze die Verbformen dort im Indikativ ein.

4 Untersuche: Wie werden die Konjunktiv-Formen der indirekten Rede gebildet?
Zeichne eine Tabelle nach folgendem Muster in dein Heft.
Trage alle Beispiele aus dem Text passend zu den Erklärungen in diese Tabelle ein.

Normalfall: Konjunktiv I gebildet aus dem Indikativ Präsens	Konjunktiv I nicht vom Indikativ Präsens zu unterscheiden → auf Konjunktiv II ausweichen
Man muss – Man müsse	*(möglich sein) können = Indikativ: können – also: könnten*
...	...

Textaussagen in indirekter Rede wiedergeben

1 Lies das Interview mit Michio Kaku in der linken Spalte.

Sie haben Zeitreisen erwähnt. Auch die galten als unmöglich.

Mein englischer Kollege Stephen Hawking <u>hat</u> viele Jahre vergeblich <u>versucht</u> zu beweisen, dass
5 Zeitreisen unmöglich <u>sind</u>. Inzwischen glaubt er, dass Zeitreisen zwar theoretisch möglich sind, aber dass sie technisch niemals möglich sein werden.

Und Sie sind da zuversichtlicher?

10 Ja. Aber nur eine weit fortgeschrittene Zivilisation <u>kann</u> Zeitreisen schaffen. Auf der Erde können wir keine Zeitmaschine bauen wie im Film „Zurück in die Zukunft". Dafür <u>reichen</u> unsere Ressourcen nicht. [...]

15 **Ist es überhaupt zu schaffen?**

Ich persönlich glaube daran. Wir Physiker unterscheiden Zivilisationen nach ihrem technischen Stand und der Art der Energienutzung. Es gibt drei Typen: **planetare Zivilisationen**, die ihren
20 Planeten kontrollieren und ihre Energie von einem Stern beziehen (z. B. der Sonne); **stellare Zivilisationen**, die einzelne Sterne bevölkern und deren Energie nutzen, wie z. B. „Star Trek"; und **galaktische Zivilisationen**, die eine ganze Galaxis
25 bevölkern wie in „Krieg der Sterne" und die Energie aller Sterne nutzen. An der Schwelle von der stellaren zur galaktischen Zivilisation <u>sind</u> wir vielleicht so weit, eine Zeitmaschine zu bauen.

Wann wird das sein?

30 Heute <u>stehen</u> wir erst kurz davor, eine planetare Zivilisation zu werden. Wenn wir davon <u>ausgehen</u>, dass unsere Zivilisation technisch weiter <u>wächst</u>, dann <u>werden</u> wir in ungefähr 100 000 Jahren reif für eine galaktische Zivilisation sein. Wenn also
35 eines Tages jemand an Ihre Tür <u>klopft</u> und sich als Ihre Urururururrenkelin <u>ausgibt</u>, dann schlagen Sie ihr nicht die Tür vor der Nase zu!

Michio Kaku verweist auf seinen Kollegen Stephen

Hawking, der viele Jahre vergeblich *versucht habe*

zu beweisen, dass Zeitreisen unmöglich _____ .

Kaku selbst glaubt, dass eine weit fortgeschrittene

Zivilisation Zeitreisen schaffen _____ .

Heute jedoch _____ die Ressourcen

dafür nicht.

An der Schwelle von der stellaren zur galaktischen

Zivilisation _____ die Menschheit vielleicht

so weit, eine Zeitmaschine zu bauen.

Heute _____ wir erst kurz vor dem

Schritt in eine planetare Zivilisation. Wenn man davon

_____ , dass unsere Zivilisation

weiterhin so _____ wie bisher, dann

_____ sie in ungefähr 100 000 Jahren

eine galaktische Zivilisation sein. Wenn also jemand an

die Tür _____ und sich als Urururururrenkelin

_____ , sollte man ihr nicht die Tür vor

der Nase zuschlagen.

2 Notiere im Heft, wann Michiko Kaku zufolge Zeitmaschinen möglich sein könnten.

3 In der rechten Spalte werden die Aussagen des Interviews in einem Zeitungsartikel wiedergegeben.
Übertrage die im Text links unterstrichenen Wörter in der rechten Spalte in die indirekte Rede.

Andere Formen der Redewiedergabe nutzen

1 Lies den Text über Zeitreisen durch Teilchenbeschleuniger.

Zeitreisen durch Teilchenbeschleuniger?	Redewiedergabe durch ...		
	Konjunktiv	Ersatzform: dass + Indikativ	Umschreibung: ... zufolge + Indikativ

Zeitreisen durch Teilchenbeschleuniger?

Im Forschungszentrum LHC in Genf werden winzige
Teile eines Atoms (Protonen) aufeinandergeschossen.
Man will herausfinden, ob sie sich vereinen. Einige
Physiker glauben daran, <u>dass</u> der Teilchen-
5 beschleuniger als Zeitmaschine <u>dienen kann</u>.
Sie glauben, beim Zusammenprall <u>könnten</u> neue
Teilchen entstehen, mit denen man Botschaften auch
in die Vergangenheit übermitteln <u>könne</u>.
<u>Dem Physiker Thomas Weiler zufolge ist</u> diese
10 Theorie zwar noch reine Fantasie, sie verstößt aber
nicht gegen die Gesetze der Physik. Er merkt an, der
Ansatz <u>vermeide</u> die unlösbaren Widersprüche, die
normalerweise mit Zeitreisen verbunden <u>seien</u>.
Thomas Weiler betont, <u>dass</u> Zeitreisen im Teilchen-
15 beschleuniger auf Botschaften <u>beschränkt sind</u> und
<u>dass</u> niemand zum Beispiel seine eigene Geburt in
der Vergangenheit <u>verhindern kann</u>.

2 Erkläre, warum eine Zeitreise mit Teilchenbeschleuniger unlösbare Widersprüche zu vermeiden scheint.

Einige „unlösbare Widersprüche" (Z. 12) tauchen hier nicht auf, da nicht die Menschen selbst, sondern nur

_____ eine Zeitreise in die Vergangenheit antreten.

3 Im Text werden Aussagen der Wissenschaftler durch mehrere Formen der Redewiedergabe dargestellt.
Kreuze an, welche beiden Ersatzformen für die indirekte Rede genutzt werden.

A ☐ Passivformen

B ☐ Ergänzungen im Satz wie „zufolge", „laut ..."

C ☐ dass-Sätze + Indikativ

D ☐ Imperative

4 Kreuze in den rechten Spalten jeweils an, welche Ersatzform verwendet wurde.

5 Ergänze jeweils die fehlenden Verbformen.

Indirekte Rede (Konjunktiv)	Ersatzform: dass-Satz	Umschreibung mit ... zufolge
Thomas Weiler räumt ein, man müsse zum Beweis entsprechende Experimente entwickeln.	Thomas Weiler räumt ein, dass _____ zum Beweis entsprechende Experimente _____.	_____ _____ man zum Beweis entsprechende Experimente entwickeln.

Redewiedergaben abwechslungsreich formulieren

**1** **Lies die beiden Texte.**

Text A

Dem Physiker Thomas Weiler zufolge ist die Möglichkeit der Zeitreise mittels Atomteilchen noch reine Theorie, sie verstößt aber nicht gegen physikalische Gesetze. Nach Thomas Weiler vermeidet der Ansatz die unlösbaren Widersprüche, die normalerweise mit der Idee von Zeitreisen verbunden seien. Thomas Weiler zufolge bleiben Zeitreisen ausschließlich auf Botschaften beschränkt.

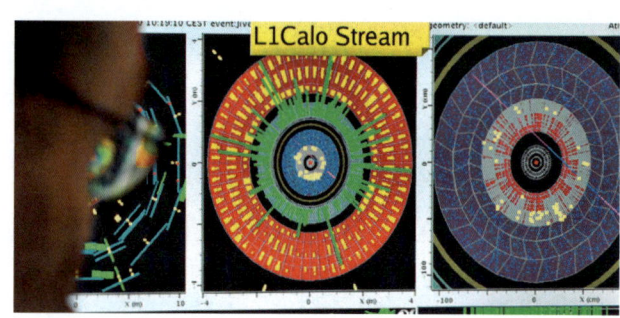

Text B

Physiker Thomas Weiler betont, dass die Möglichkeit der Zeitreise noch reine Theorie ist, sie verstößt aber nicht gegen die Gesetze der Physik. Thomas Weiler erklärt, dass der Ansatz die unlösbaren Widersprüche vermeidet, die normalerweise mit der Idee von Zeitreisen verbunden seien. Thomas Weiler weist darauf hin, dass Zeitreisen auf Botschaften beschränkt bleiben.

2 **Erkläre, warum die Texte A und B wenig abwechslungsreich klingen.**

In Text A wird durchgängig die Ersatzform _____ zur Redewiedergabe genutzt.

In Text B wird durchgängig _____ zur Redewiedergabe genutzt.

3 **Formuliere abwechslungsreicher: Forme die Sätze links in die indirekte Rede mit Konjunktiv I um. Trage die Verbformen rechts ein.**

Nach Thomas Weiler vermeidet der Ansatz die unlösbaren Widersprüche, die normalerweise mit der Idee von Zeitreisen verbunden seien.	Thomas Weiler erläutert, der Ansatz _____ die unlösbaren Widersprüche, die normalerweise mit der Idee von Zeitreisen verbunden seien.
Thomas Weiler weist darauf hin, dass Zeitreisen auf Botschaften beschränkt bleiben.	Thomas Weiler betont, die Zeitreisen _____ ja auf diese speziellen Botschaften _____ .

**4** **Der Physiker Dieter Lüst kritisiert Thomas Weilers Idee. Gib seine Äußerungen wieder, indem du die Sätze in der rechten Spalte vervollständigst.**

Dieter Lüst (Physiker): „Zeitreisen in die Vergangenheit kann die Physik sich nicht vorstellen."	Dieter Lüst wendet ein, dass die Physik sich Zeitreisen in die Vergangenheit _____ .
Dieter Lüst: „Thomas Weilers Arbeiten ergeben in der Physik keinen Sinn."	Dieter Lüst _____ ergeben Thomas Weilers Arbeiten in der Physik keinen Sinn.

Modalverben richtig verwenden

a Überfliege den Lückentext.
b Wähle für jede Lücke ein passendes Modalverb aus und trage es ein.

US-Forscher _____ | können/sollen/wollen | **Zeitreisende per Netz entdecken**

Einen Reisenden, der aus der Zukunft zu uns gereist ist, auf der Straße zu erkennen,

_____ | müsste/dürfte/sollte | schwierig sein. US-Forscher _____

| sollen/können/wollen | nun andere Möglichkeiten nutzen, um Zeitreisende zu finden. Im Internet

_____ | könnte/sollte/müsste | die Existenz von Zeitreisenden daran erkennbar werden,

dass jemand etwas schreibt, was er im Moment des Schreibens noch gar nicht wissen _____

| muss/soll/kann | . So wurde der Komet ISON am 21. September 2012 entdeckt und benannt.

Wenn also jemand vor diesem Datum in Suchmaschinen nach „Comet ISON" gesucht haben sollte,

_____ | mag/will/muss | man annehmen, dass es sich um einen Zeitreisenden handelte.

2 Trage in der mittleren Spalte der Tabelle ein, welchen Aussagewert die angegebenen Modalverben haben. Die angebotenen Begriffe helfen dir.

Gebot/Zwang · Erlaubnis/Möglichkeit · Absicht/Bereitschaft · Fähigkeit/Möglichkeit ·
Empfehlung/Vorschrift · Wunsch/Möglichkeit

Modalverb	Aussagewert	Beispiel für Anwendung
können	*Fähigkeit/Möglichkeit*	*Wir können Beweise finden.*
sollen	_____	*Wir sollen Beweise finden.*
müssen	_____	*Wir müssen Beweise finden.*
dürfen	_____	*Wir dürfen nicht vergessen, dass ...*
wollen	_____	*Wir wollen sicher sein, dass ...*
mögen	_____	*Wir möchten sie überzeugen.*

Grammatisch richtig schreiben

Subjekt und Prädikat aufeinander abstimmen

 **1** Lies den Text.

Zeitreisen in der Literatur

Die Idee von Zeitreisen ~~haben~~ _hat_ die Literatur schon immer fasziniert.

In der literarischen Tradition ~~unterscheidet~~ _____

sich die einzelnen Werke vor allem nach den Gesetzmäßigkeiten der

Zeitreisen. Orson Wells' Roman „Die Zeitmaschine" (1895) und Edith

Nesbits „Psammead" (1902 ff.) ~~bildet~~ _____ den Anfang für

zwei unterschiedliche Modelle: Während Wells und seine Nachfolger auf

eine beherrschbare Mechanik ~~setzt~~ _____ ,

~~lassen~~ _____ ein großer Teil der anderen Autoren

die Zeitreise auf Magie basieren.

> **Begründung**
> _Subjekt: „Idee" = Singular_
> _→ Prädikat = Singular_
>
> _Subjekt: „die_

2 Werte den Text aus und gib an: Welche Modelle gibt es in der Literatur für Zeitreisen?

Modell 1: Zeitreisen durch _____   Modell 2: Zeitreisen durch _____

3 Im Text sind einige Verbformen falsch. Korrigiere sie und begründe in der rechten Spalte die Korrektur.

4 Schreibe im folgenden Text jeweils die richtige Verbform in die Lücke.

In neuen Jugendbüchern _____ | werden | die Vorstellung einer Zeitreise durch Mechanik und

die Idee einer Zeitreise durch Magie verbunden. In Kerstin Giers Romanen „Rubinrot" und „Saphirblau"

_____ | treten | die Heldin Gewendolyn Zeitreisen an. Magie und Zauberei _____

| befähigen | sie zur Zeitreise. Gesteuert _____ | werden | die Reisen aber durch einen

„Chronografen". Durch dieses Gerät _____ | lassen | sich der exakte Zeitpunkt bestimmen,

an den der oder die Reisende gelangt.

Flüssig schreiben: Satzanschlüsse richtig verwenden

a Überfliege den Text über eine Fernsehserie der 1960er-Jahre.
b Die Satzanschlüsse sind fehlerhaft und darum durchgestrichen.
   Füge passende Satzanschlüsse oder Verknüpfungen ein.

The Time Tunnel

In den 1960er-Jahren begeisterte eine Serie die Fernsehzuschau-

er, ~~in die~~ _____ in denen / in der es um eine

Forschungsanlage in der Wüste ging. ~~Da~~ _____

In jener / Dort wird an einer Zeitmaschine gearbeitet, mit

~~dessen~~ _____ wessen / deren Hilfe man

in die Vergangenheit und die Zukunft reisen kann. ~~Nachdem~~

_____ Als / Denn dem Projekt wegen zu geringer Fort-

schritte die Förderung gestrichen werden soll, unternimmt der

Wissenschaftler Tony Newman einen Selbstversuch und steigt in

den Zeittunnel. ~~Also~~ _____ Nun / Deshalb gerät er an Bord des bald sinkenden Schiffes

Titanic. ~~Bevor~~ _____ Sobald / Da er von der folgenden Katastrophe erfährt, will er das

Schiff so rasch wie möglich verlassen.

2 Sich vom Zeittunnel auf die Titanic bringen zu lassen, war wohl keine gute Idee. Warum nicht?

_____

_____

_____

3 Verbinde den Text flüssig: Setze passende Verknüpfungen bzw. Pronomen ein.

_____ ein Kollege Tony durch den Zeittunnel zu Hilfe eilt, können beide die Titanic verlassen,

_____ gelangen sie nicht in die Gegenwart, _____ in andere gefahrvolle

Zeitperioden, in _____ historische Ereignisse die Menschen in Gefahr bringen.

_____ geraten die beiden ins Jahr 1812, in _____ es einen Krieg zwischen den USA

und Großbritannien gab. Von _____ werden sie ins Frankreich des 18. Jahhunderts geschickt.

Eine Klassenarbeit überarbeiten

 1 Lies in der <u>linken Spalte</u> die Reportage über einen Time-Tunnel-Fanclub. Die rot gesetzten Wörter zeigen, wo der Text sprachlich nicht gelungen ist. Überarbeite den Text in der <u>rechten Spalte</u>: Verbessere
- Satzanschlüsse und Verknüpfungen,
- falsche Pronomenformen und
- gib Äußerungen Dritter in indirekter Rede mit dem Konjunktiv I wieder.

Entwurf	Überarbeitung
Die abgedruckte Reportage „Als Fan in die Vergangenheit reisen" von Sören Pastheim erschien am 12.2.2015 in der Bergischen Zeitung.	Die _vorliegende_ Reportage „Als Fan in die Vergangenheit reisen" von Sören Pastheim erschien am 12.2.2015 in der Bergischen Zeitung.
Im abgedruckten Text wird ein Fanclub beschrieben, in denen sich Anhänger der Serie „Time Tunnel" zusammengefunden haben.	In _____ Text wird ein Fanclub beschrieben, in _____ sich Anhänger der Serie „Time Tunnel" zusammengefunden haben.
In dessen Vereinsheim in Hannover trifft sich der Vereinsvorstand und die Mitglieder an jeden erstem Samstag eines Monats, damit sie eine Folge der Serie aus den 1960er-Jahren schauen.	In _____ Vereinsheim in Hannover _____ sich der Vereinsvorstand und die Mitglieder an jed_____ erst_____ Samstag eines Monats, _____ eine Folge der Serie aus den 1960er-Jahren _____ .
Die Besonderheit des Clubs besteht darauf, dass die Clubmitglieder die Zeitreise, wodurch die Serienhelden in der jeweiligen Folge in eine andere Epoche gelangen, selbst auch mitmachen, weil sie sich entsprechend verkleiden.	Die Besonderheit des Clubs besteht _____ , dass die Clubmitglieder die Zeitreise, _durch die_ Serienhelden in der jeweiligen Folge in eine andere Epoche gelangen, selbst auch mitmachen, _indem_ sie sich entsprechend verkleiden.
Der Autor des Artikels lässt die Leser/-innen in die beschriebene Atmosphäre eintauchen, da er zu Beginn seines Textes darstellt, dass an einem Samstag im Januar sämtliche Vereinsmitglieder im Stile englischer Seetouristen des Jahres 1912 angezogen sind, wenn sie die Time-Tunnel-Folgen sehen, die auf der Titanic spielen.	Der Autor des Artikels lässt die Leser/-innen in die beschriebene Atmosphäre eintauchen, _____ er zu Beginn seines Textes darstellt, _____ an einem Samstag im Januar sämtliche Vereinsmitglieder im Stile englischer Seetouristen des Jahres 1912 angezogen sind, _____ sie die Time-Tunnel-Folgen sehen, die auf der Titanic spielen.

Zeilennummern: 5, 10, 15, 20

Entwurf	Überarbeitung
Sören Pastheim scheint irritiert zu sein, indem er schreibt, es bleibt für Außenstehende ein Rätsel, wie erwachsene Menschen sich so mit einer Fernsehserie identifizieren können (vgl. Z. 12 f.). Natürlich lässt er auch die Vereinsvorsitzende des Fanclubs zu Wort kommen, der die Faszination erklärt (vgl. Z. 14–28).	Sören Pastheim scheint irritiert zu sein, _____ er schreibt, es _____ für Außenstehende ein Rätsel, wie erwachsene Menschen sich so mit einer Fernsehserie identifizieren _____ (vgl. Z. 12 f.). _____ lässt er auch die Vereinsvorsitzende des Fanclubs zu Wort kommen, _____ die Faszination erklärt (vgl. Z. 14–28).
Nicht in der Gegenwart gefangen zu sein, aber in vergangene Zeiten zu reisen, birgt für viele Menschen ein reizvolles Abenteuer, in das die Vereinsmitglieder in seiner Fantasie eintauchen.	Nicht in der Gegenwart gefangen zu sein, _____ in vergangene Zeiten zu reisen, _berge_ für viele Menschen ein reizvolles Abenteuer, in das die Vereinsmitglieder in _____ Fantasie _____ .
Es kann man albern finden, weil jeder Beobachter erlebe, wie spannend es ist, sich gedanklich etwa ins Mittelalter zurückzuversetzen.	_Das_ _____ man albern finden, _____ jeder Beobachter erlebe, wie spannend es _____ , sich gedanklich etwa ins Mittelalter zurückzuversetzen.
Trotzdem solche Ausführungen in der Reportage mit einer gewissen Ironie dargestellt sind, schildert der Autor anschließend (Z. 34–40), was ihm selbst an einer Reise in die Zukunft interessieren würde.	_Obwohl_ diese Ausführungen in der Reportage mit einer gewissen Ironie dargestellt sind, schildert der Autor anschließend (Z. 34–40), was _____ selbst an einer Reise in die Zukunft interessieren würde.
Man kann dem Autor zufolge aus der Zukunft auf unsere Gegenwart zurückblicken und wird erkennen, was für Entwicklungen von heute sich in der Zukunft als problematisch erweisen.	Man _____ dem Autor zufolge aus der Zukunft auf unsere Gegenwart zurückblicken und _____ erkennen, _____ Entwicklungen von heute sich in der Zukunft als problematisch _____ .
So hat man die Chance, aus der Zukunft für die Gegenwart zu lernen.	So _____ man die Chance, aus der Zukunft für die Gegenwart zu lernen.

Autoren- und Quellenverzeichnis

S. 12 f.: Brender, Irmela: Caroline, über Wiesen laufend (gekürzt). Aus: Schweigend mit Murmeln spielen. Geschichten von Tag zu Tag. Edition Pestum im Franz Schneider Verlag, München 1988. **S. 37:** Kaminer, Wladimir: Vom Wesen der deutschen Sprache (gekürzt, verändert). Aus: Jutta Limbach (Hrsg.): Das schönste deutsche Wort. Hueber Verlag, München 2005, S. 80. **S. 44:** Sick, Bastian: Dem Wahnsinn eine Lücke (gekürzt). Aus: Der Dativ ist dem Genitiv sein Tod, Folge 2. Kiepenheuer & Witsch, Köln 2005. **S. 55, 56:** Hürter, Tobias; Rauber, Max: „Michiko Kaku meint, …"; „Sie haben Zeitreisen erwähnt …" (gekürzt, verändert) Aus: P.M. Magazin Heft 8/2008. **S. 57:** Dambeck, Holger: Zeitreisen durch Teilchenbeschleuniger? (gekürzt, verändert) In: Spiegel online, 07.04.2011. http://www.spiegel.de/wissenschaft/mensch/teilchenbeschleuniger-lhc-us-physiker-spekulieren-ueber-zeitreisen-a-754991.html [Zugriff 30.03.2015]

Bildquellenverzeichnis

S. 5: Gerhard Heidorn/laif. **S. 6, 49, 58:** picture alliance/dpa. **S. 19:** mauritius images / Alamy. **S. 20, 23, 24:** action press/ NASAaction press. **S. 26:** © Blacky (Michael Schwarz) – Fotolia.com. S. 31 oben: © sergeyzapotylok – Fotolia.com; unten: © Shutterstock / Monkey Business Images. **S. 34:** © Markus Mainka – Fotolia.com (www.marek-photo.de). **S. 39:** © Mariusz Blach – Fotolia.com. **S. 43:** © Shutterstock / DiversityStudio. **S. 44:** Imago. **S. 46:** © Photoshot/Xinhua/Photoshot. **S. 47:** © knipsolaus – Fotolia.com (Vaporetto); © francescopaoli – Fotolia.com (Hochwasser). **S. 48:** © Maarten Harman/Hollandse Hoogte/laif. **S. 50:** action press/ Rinspeed/REXaction press. **S. 53:** © nikonomad – Fotolia.com. **S. 59:** mauritius images / Alamy (Komet ISON); picture alliance/AP Photo/NASA (ISON nähert sich der Sonne). **S. 61:** picture alliance

Impressum

Redaktion: lüra – Klemt & Mues GbR, Wuppertal

Illustrationen: Michael Fleischmann, Waldegg (A); Illustration Klebebogen: Jutta Melsheimer, Berlin

Umschlaggestaltung und Layoutkonzept: werkstatt für Gebrauchsgrafik, Berlin

Technische Umsetzung: Anna-Maria Klages, Wuppertal

www.cornelsen.de

Alle Drucke dieser Auflage sind inhaltlich unverändert
und können im Unterricht nebeneinander verwendet werden.

1. Auflage, 3. Druck 2026

© 2015 Cornelsen Schulverlage GmbH, Berlin
© 2022 Cornelsen Verlag GmbH, Mecklenburgische Str. 53, 14197 Berlin, E-Mail: service@cornelsen.de

Druck: Athesiadruck GmbH, Bozen

ISBN: 978-3-06-062841-4

PEFC-zertifiziert
Dieses Produkt
stammt aus
nachhaltig
bewirtschafteten
Wäldern und
kontrollierten Quellen
PEFC
PEFC/18-31-166   www.pefc.de